GRUNDNERS KULINARIUM

Alle Fotos von Gerichten und Außenaufnahmen der Gasthöfe von Peter Melbinger mit Ausnahme der Außenaufnahmen auf den Seiten 52, 56, 68, 112 und 136 und der Abbildungen der Einsender.

ISBN 3-85489-032-X

Gesamtherstellung: Steirische Verlagsgesellschaft m. b. H.
Druck: Druckerei Theiss GmbH, A-9400 Wolfsberg

Grundners

Kulinarium

Die besten Rezepte aus
der Fernsehserie
mit Reinhart Grundner

Fotos von
Peter Melbinger

Steirische Verlagsgesellschaft

Inhalt

Vorwort

„Schon wieder ein Kochbuch!", mit diesem Einwand muss jeder rechnen, der heutzutage eine Rezeptesammlung veröffentlicht. Doch ich glaube, dass dieses Buch ein Kochbuch der etwas anderen Art ist. Es gibt durch den Besuch von 50 Gaststätten einen Einblick in die hervorragende steirische Wirtshauskultur und es ist geprägt von 150 Steirerinnen und Steirern, die gerne am Herd stehen und dort oft Erstaunliches leisten. Grundlage dieses Kochbuches ist einerseits meine Vorliebe für gute Küche und andererseits „Grundners Kulinarium", eine wöchentliche Rubrik der Fernsehsendung „Steiermark heute".
Es war im Sommer 1999, als Klaus Edlinger im Zuge eines Reformgespräches über „Steiermark heute" sagte, wir sollten in unserer täglichen Informationssendung doch wieder ein Kulinarium einbauen. Aber es sollte ein anderes „In-die-Töpfe-Schauen" sein als die bisherigen Kulinarien. Die Umgebung des Gasthauses sollte man spüren, die Gemütlichkeit, die Wirtsleute und natürlich das gute Essen. Und noch etwas regte Klaus Edlinger an. „Du musst unbedingt nach einem Jahr ein Buch darüber herausgeben", so seine Worte im Sommer des Vorjahres.
Und: „Binde die Zuschauer verstärkt ein."

Nach vielen Gesprächsrunden stand das Gerüst für Grundners Kulinarium. Durch die Kooperation mit der Wirtschaftskammer konnten wir leichter mit den Wirten in Kontakt treten und die Steirerkrone als Medienpartner wurde die Anlaufstelle für die von den Zuschauern eingesandten Rezepte.
Nach nunmehr 50 gedrehten Folgen und knapp 3000 erhaltenen Rezepten sei es mir gestattet, ein kurzes Resumee zu ziehen:
Zunächst einmal war ich erstaunt über die vielen Rezepte, die uns von den Zuschauern zu den einzelnen Themenbereichen zugesandt worden sind. Ein Land mit so einer Vielzahl guter Hobbyköchinnen und Hobbyköchen kann sich nur glücklich preisen. Und daher ist es auch nicht verwunderlich, dass in den Küchen der Gasthäuser quer durch unser Land eine gute steirische Küchentradition lebt. Phantasievolle Küche haben die traditionellen, oft opulenten und der heutigen Ernährungslehre widersprechenden Rezepte den modernen Anforderungen angepasst. Immer öfter werden regionale kulinarische Besonderheiten ganz bewusst angeboten. Und viele Köche und Wirte legen verstärkt Wert darauf, dass die Rohstoffe aus der näheren Umgebung kommen. Wir können stolz auf unsere Gasthäuser sein und weit mehr gastronomisches Selbstbewusstsein an den Tag legen. Erfreulich auch die Situation auf dem Weinsektor. Fast alle steirischen Wirte, die ich besucht habe, bieten hervorragende Weine unserer heimischen Winzer an.
Einen Wermutstropfen hat aber die ganze Geschichte dennoch. Ich hatte vor Beginn der Dreharbeiten vor einem Jahr mit Klaus Edlinger gewettet, dass ich nicht zunehmen würde. Nun, das Jahr ist um, und die Wette habe ich schlicht verloren. Ich werde als Chauffeur und als Caddy bei einem von ihm gewählten Golfturnier tätig sein. Und ich biete ihm hiermit an, die Wette für das zweite Jahr Grundners Kulinarium, auf das ich mich gemeinsam mit meinem Team im übrigen sehr freue, zu erneuern.

Altaussee, September 2000
Reinhart R. Grundner

Kürbis
Kraut
Erdäpfel
Gemüse

Kräuter
Bärlauch
Spargel

Aus Garten und Feld

Gasthof Gallbrunner

Elisabeth Rennhofer
8190 Waisenegg 78, Telefon 0 31 74/44 10
Küchenchef: Elisabeth Rennhofer

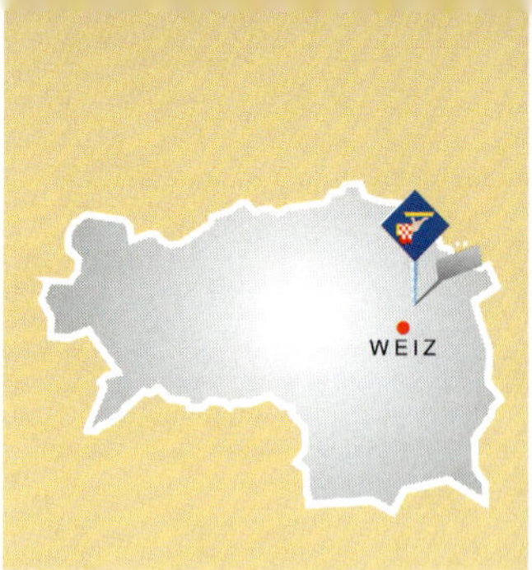

Der Gasthof Gallbrunner ist über 300 Jahre alt und somit eines der ältesten Wirtshäuser in der Steiermark. Schon Peter Rosegger hat dieses Gasthaus gekannt und ist hier eingekehrt, wenn er auf dem Weg von Fischbach nach Birkfeld war.
Der Stammtisch in diesem Traditionswirtshaus ist so etwas wie das Ortszentrum. Hier treffen sich die Waisenegger. Die alte Tradition lebt aber auch in den Speisen weiter, die die Wirtsleute hier den Gästen anbieten.

Kürbisstrudel

Die Masse auf ein Strudelblatt streichen, einrollen, mit Ei bestreichen und goldbraun herausbacken. Mit Joghurt-Kräutersauce servieren.

Kürbisgemüse

Basisrezept: 40 dag Speisekürbis
1 kleine Zwiebel, 1/8 l Rahm
Salz, Kümmel, Muskatnuss

Kürbis schälen, in kleine Würfel schneiden und mit kleingeschnittener Zwiebel in heißem Öl andünsten, Salz und Kümmel zugeben, mit Muskatnuss verfeinern. Etwas Rahm zugeben.

Kürbiscremesuppe

Gedünstetes Kürbisgemüse mit Rindsuppe aufgießen, etwas Paradeismark dazugeben und pürieren. Beim Anrichten die Suppe mit einem Rahmhäubchen und einigen Tropfen Kürbiskernöl verzieren. Als Zugabe eignet sich ein Butterteigstangerl.

Herbert Marak, Oberweg
Fichtenhainstraße 6, 8750 Judenburg

Kürbiskrapferl

- 1/2 kg Kürbis
- 25 dag Erdäpfel
- 1/8 kg Haferflocken
- 2 EL Senf
- 3 Zwiebeln
- etwas Knoblauch
- 1 Stange Porree
- 3 Semmeln
- etwas Milch
- 4 dag Parmesan
- 10 dag Speck
- 3 EL Brösel
- etwas Liebstöckel
- Kümmel
- Salz und Pfeffer

Gekochte Erdäpfel und Kürbis hobeln, Semmeln in Milch einweichen und ausdrücken, den klein geschnittenen Speck in einer Pfanne gemeinsam mit den Zwiebeln und dem geschnittenen Porree und Knoblauch anrösten. Mit den gehobelten Erdäpfeln und dem Kürbis vermengen, gut verkneten, Haferflocken zugeben, mit Senf und den restlichen Gewürzen abschmecken. Krapferl formen, in heißem Öl auf beiden Seiten goldbraun backen.

Eveline Krispel
Blütenweg 65, 8071 Grambach

Kürbiskernaufstrich

- 25 dag Magertopfen
- 2 EL Kernöl
- 5 dag gehackte Kürbiskerne
- Salz, Knoblauch
- Butter

Zutaten verrühren, mit Salz und Knoblauch nach Geschmack würzen, schmeckt am besten auf Schwarz- oder Vollkornbrot.

Renate Hohenegger
Albersdorf 53, 8200 Gleisdorf

Kürbis-Frischkäse-Laibchen

- 60 dag Speisekürbis, geschält
- 10 dag Frischkäse
- 2 Eier
- 1 gehackte Zwiebel
- 3 EL Mehl
- 2 EL Kürbiskerne, leicht geröstet und gehackt
- Salz, Pfeffer, Muskatnuss
- gemahlener Kümmel
- Öl zum Braten

Kürbis grob schaben und salzen, mit geröstetem Zwiebel, Frischkäse, Mehl, Eiern und Sauerrahm verrühren, Kürbiskerne unterrühren, mit Salz, Pfeffer, Muskat und Kümmel würzen. Laibchen formen und in heißem Öl goldbraun backen.

Groggerhof

Eva Ederer, 8742 Obdach, Hauptstraße 23
Telefon 0 35 78/22 01
Küchnechefin: Helena Leitner

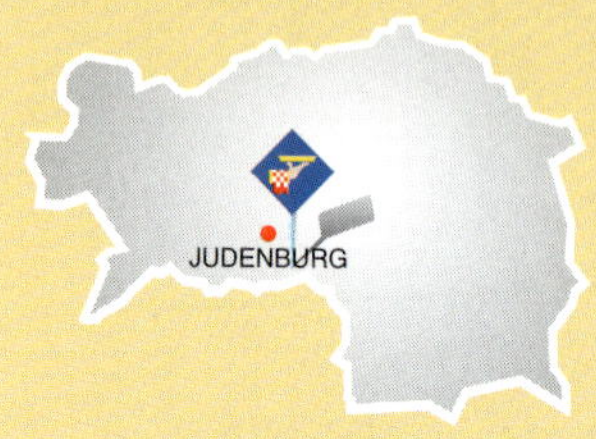

In Obdach an der ehemaligen Salzstraße liegt der stattliche Groggerhof, der sich seit 1630 im Besitz einer Familie befindet. Und dass Tradition hier großgeschrieben wird, merkt man nicht nur am Ambiente, sondern auch an den Speisen und ihrer Zubereitung. Eines der bodenständigen Produkte, die im Groggerhof kulinarisch veredelt werden ist das Kraut.

Gefüllter Krautkopf

1 ausgehöhlter Krautkopf
1/2 kg Semmelwürfel
15 dag Butter, 20 dag Speck
3 Eier, Milch nach Bedarf
1 Zwiebel

Aus Eiern, Butter, Milch und Semmelwürfeln eine Knödelmasse anrühren, geschnittene Zwiebel mit Speck anrösten und unter die Masse rühren. Den Krautkopf mit der Knödelmasse füllen, in ein Tuch einbinden und in stark gesalzenem Wasser ca. 1 Stunde kochen lassen. Dem Wasser noch Lorbeerblatt, Pfefferkörner und Majoran zugeben.

Dipl.-Ing. Julius Keil
Auersperggasse 3, 8010 Graz

Burgenländische Krautsuppe

- 1/2 kg Schweinefleisch (Schulter)
- 1 Zwiebel
- 1 mittlerer Krautkopf
- je 1 EL Kümmel und Paprika
- etwas Rindsuppe
- 1 vorgekochte Krainer

Zwiebel und klein geschnittenes Schweinefleisch anrösten, nudelig geschnittenes Kraut dazugeben, mit Rindsuppe aufgießen, mit Kümmel und Paprika würzen, auf kleiner Flamme kochen lassen. Gegen Ende der Kochzeit eine in Stücke geschnittene Krainer mitkochen lassen. Mit Salz und Pfeffer abschmecken.

Maria Illmayer
Foirach 30, 8712 Niklasdorf

Krautwickel

- 1 Weißkrautkopf
- 60 dag Faschiertes
- 8 Scheiben Frühstücksspeck
- 1/4 l Suppe
- 1/4 l Sauerrahm
- Salz, Pfeffer
- Fett zum Ausstreichen

Krautkopf in Salzwasser kochen, bis sich die Blätter lösen, abschrecken. 8 große Blätter zur Seite geben, restliches Kraut hacken und in gefettete Form geben.
Die 8 Krautblätter auslegen, salzen, pfeffern, Faschiertes zu 8 Rollen formen, auf die Krautblätter legen und einrollen.
Auf das gehackte Kraut legen, mit Speckscheiben belegen, Suppe untergießen und im Rohr dünsten.
Nach 25 Minuten mit Sauerrahm übergießen und 10 Minuten fertig garen.

Roswitha Hiltscher
Bahnhofstraße 5, 8570 Voitsberg

G'schlampertes Kraut

- 60 dag Bauchfleisch mit Schwarte
- 1/2 kg Weißkraut
- 4 mittelgroße Erdäpfel
- Salz, Pfeffer
- Kümmel
- 3 Knoblauchzehen

Das grobwürfelig geschnittene Bauchfleisch mit Salz, Kümmel und zerdrücktem Knoblauch in wenig Wasser halbweich dünsten, dann grob geschnittene Erdäpfel und grob geschnittenes Weißkraut dazugeben, etwas aufgießen und fertig dünsten. Mit frisch gemahlenem weißen Pfeffer abschmecken.

Gasthof Krenn

Barbara Wolfgang-Krenn
8951 Pürgg-Trautenfels, Telefon 0 36 82/22 2 74-0
Küchenchef: Barbara Wolfgang-Krenn

Zu Füßen des mächtigen Grimmings liegt das malerische Pürgg, eine der reizvollsten Ortschaften der Steiermark. Die Häuser im alten Ortskern sind teils so alt, dass ihre Entstehungszeit oft nicht mehr feststellbar ist. Das gilt auch für den Gasthof Krenn, denn Aufzeichnungen aus dem 14. Jahrhundert belegen, dass sich damals hier bereits eine Taverne befunden hat. In den Türkenkriegen diente das Haus dann auch den Schuhmachern als Zunfthaus. Seit dem 18. Jahrhundert gehört der Gasthof der Familie Krenn und bei so viel Geschichte darf es einen eigentlich nicht wundern, dass auf steirisch-bodenständige Küche großer Wert gelegt wird. Und dass man aus Erdäpfeln, die ja auch ein traditionelles steirisches Produkt sind, mehr als nur Pommes frites zubereiten kann, beweist die Küche des Gasthofs.

Häferlsterz

4 gekochte Erdäpfel
1 Ei
Speck, klein geschnitten
Schnittlauch
Brösel
Salz, Pfeffer

Gekochte Erdäpfel durch die Presse drücken, mit Ei, Speck, Bröseln und Gewürzen vermischen und zu einem Teig verrühren. Rasten lassen. Laibchen daraus formen und in heißem Fett herausbacken. Mit einem gebratenen Speckstreifen servieren.

TIPP DES HAUSES: Anstelle von Nudelblättern kann man auch Erdäpfelscheiben zur Lasagne verwenden.

Maria Atzlinger
Gatschen 39, 8952 Irdning

Steirische Erdäpfelsuppe

6 dag Mehl
6 dag Butter
1 1/4 l Rindsuppe
40 dag Erdäpfel
30 dag Gurken
Dillkraut
2 Knoblauchzehen
1/8 l Obers
Salz, Pfeffer
Majoran
Schnittlauch
etwas Speck
2 Tomaten

Mehl in Butter anschwitzen, mit Rindsuppe aufgießen, glattrühren und aufkochen. Die geschälten und in Würfel geschnittenen Erdäpfel dazugeben, ca. 5 Minuten kochen, dann die würfelig geschnittene Gurke und das Dillkraut dazugeben, nochmals mit Suppe aufgießen, würzen und fertigkochen. Speck anrösten und zusammen mit würfelig geschnittenen Paradeisern in die Suppe geben, mit Schnittlauch bestreuen.

Waltraud Thor
Trojach 31, 8093 Lassing

Schiftl

1 kg Erdäpfel
40 dag Mehl
Salz, Öl

Die gekochten Erdäpfel pressen, mit Mehl und Salz zu einem festen Erdäpfelteig kneten, nicht zu dünn auswalken, mit dem Teigrad Rhomben ausradeln und in heißem Öl goldgelb ausbacken. Es entstehen richtige Polsterln, die man mit gekochtem Sauerkraut füllt und noch heiß serviert.

Ilse Kraudinger
Liliengasse 8, 8132 Pernegg

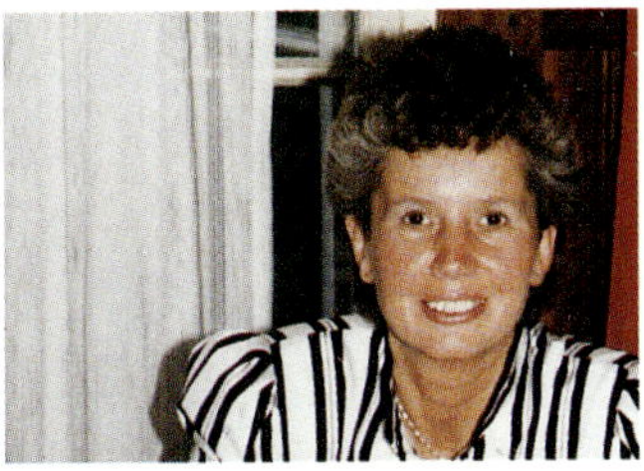

Gebackene Erdäpfellaibchen

75 dag gekochte Erdäpfel
5 dag Butter
5 EL Milch
15 dag Mehl
15 bis 20 dag Hamburgerspeck, geschnitten
Kümmel, Thymian, Salz
5 dag Butter

Die gekochten Erdäpfel durch die Presse drücken, mit Butter, Milch, Mehl, Gewürzen und dem angerösteten Speck vermischen und zu einem Teig verrühren. Laibchen formen, mit Butter bestreichen, im vorgeheizten Rohr bei 200 Grad 30 Minuten backen.

Safenhof

Wolfgang Lengauer und Christa Wimberger
8271 Bad Waltersdorf 78, Telefon 0 33 33/22 39
Küchenchef; Walter Lengauer

Der jüngste Thermenort Österreichs, Bad Waltersdorf, kann auf eine lange Siedlungsgeschichte zurückblicken. Bereits die Römer haben hier Gutshöfe besessen und Weingärten angelegt. Die erste urkundliche Erwähnung ist im 12. Jahrhundert belegt. Und auf immerhin 150 Jahre Geschichte kann der Safenhof zurückblicken. Dieser haubengekrönte Gasthof trägt mit dazu bei, dass Bad Walterdorf als kulinarische Perle der Steiermark bezeichnet wird. Wellness, also gesundes Wohlbehagen, vermittelt nicht nur ein Thermenbesuch, zur Wellness gehört auch das gesunde Essen und zum gesunden Essen gehört wiederum das Gemüse.
Im Safenhof wird auf die Zubereitung von Gemüse besonderer Wert gelegt.
Weitum berühmt ist die Safenhof-Gemüsesuppe, die in einem Brotteigmantel serviert wird.

TIPP DES HAUSES

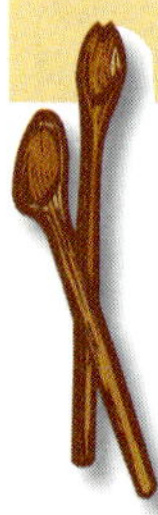

Ein wenig Haselnussöl zur Gemüsesuppe rundet den Geschmack ab.

Gemüsesuppe im Brotteigschüsserl

FÜR 6 PERSONEN:
50 dag fein geschnittenes Gemüse (Karotten, Sellerie, Lauch, Mangold, Zucchini)
4 dag Schalotten, fein geschnitten
3 EL Olivenöl
3 gekochte Erdäpfel
1,5 l Gemüsefond
1 EL Haselnussöl
Salz, Pfeffer
6 Brotlaibchen (vom Bäcker ausgehöhlt)

Schalotten im Olivenöl anschwitzen, Gemüse zugeben, mit Fond aufgießen, salzen und pfeffern und die gekochten Erdäpfel beigeben. 10 Minuten köcheln lassen. Ein Viertel der Menge pürieren und in die übrige Suppe einrühren. In die aufgebackenen Brotlaibchen füllen und mit Haselnussöl verfeinern.

DER WEINTIPP

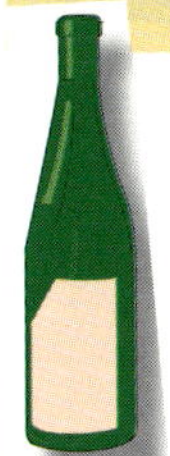

Zur Gemüsesuppe im Brotteigschüsserl trinkt man einen Welschriesling.

Thermenrestaurant Blumau

Wolfgang Dilsky, 8283 Blumau 100
Tel. 03383/51 00-96 00
Küchenchef: Franz Wirth

Ein weltweit einmaliges und auch einzigartiges Gesamtkunstwerk bietet sich dem Besucher in der Therme in Blumau. Denn hier findet nicht nur der Körper Erholung und Entspannung sondern auch Geist und Seele, wie es den Ideen von Meister Friedensreich Hundertwasser entsprach, die perfekt umgesetzt wurden. 1500 Quadratmeter Wasserfläche gibt's da in einem einmaligen Ambiente, vom Wellenbad bis zum Außenthermalbecken locken verschiedenste Wasseroasen den Badegast. Da ein aktiver Körper aber auch gastronomisch umsorgt werden will, gibt es auch auf diesem Sektor ein reiches Feld an lukullischen Möglichkeiten. Acht Gastronomiebereiche mit so klingenden Namen wie „Gönn dir was", „Lebensfroh" und „Feine Sachen" bieten Köstlichkeiten, die einem das Wasser im Mund zusammenlaufen lassen.

Kohlrabipuffer

20 dag Kohlrabi
4,5 dag Weizen-Vollgrieß
1 Ei, 10 dag Topfen
1 dag Walnussöl
Ingwer
Kräutersalz, Pfeffer
1 dag Bierhefeflocken

Die Kohlrabi schälen und raffeln, mit Grieß, Ei, Topfen und Walnussöl vermengen. Eine halbe Stunde ziehen lassen, dann würzen und in heißem Pflanzenfett braten. Mit einer Kräutercreme servieren.

TIPP DES HAUSES:
Bierhefeflocken deshalb zur Masse geben, weil sie besser binden und den Geschmack zusätzlich verbessern.

Helga Kiedl
Braungasse 15 a, 8580 Köflach

Vollkorn-Zwiebel-Kuchen

- 500 g Weizenvollkornmehl
- Trockenhefe
- 20 ml lauwarmes Wasser
- 3 EL Öl
- 40 g Butter
- etwas Salz
- 400 g Zwiebeln
- 300 g geriebener Käse
- Crème fraîche
- 2 EL Milch
- 2 Eier
- Salz, Pfeffer

Teig aus Mehl, Hefe, Wasser, Salz, Öl und Butter abrühren und gehen lassen, dann nochmals kneten, auf ein befettetes Backblech aufrollen, Zwiebeln daraufgeben, Käse drüberstreuen und mit verrührter Crème fraîche, Eier und Milch übergießen. 30–40 Minuten bei 200 Grad backen.

Gertrud Grill
Grillparzerstraße 8, 8230 Hartberg

Kohlrabi mit Erbsenfülle

- 12 kleine Kohlrabi
- 1/16 l Suppe
- 30 dag Erbsen
- 1 dl Milch
- 3 EL Dinkelgrieß
- Salz, Pfeffer, Muskat, Butter

Kohlrabi schälen und aushöhlen, in Salzwasser al dente kochen, Erbsen pürieren und würzen, auf kleiner Flamme kochen. Kohlrabi mit Erbsenpüree füllen, in Auflaufform geben, im Rohr etwa 20 Minuten garen.

Tina Papesch
Mariengasse 37, 8020 Graz

Sauerkraut-Erdäpfel-Auflauf

- 2 dag Butter
- 1 mittelgroße Zwiebel
- 50 dag frisches Sauerkraut
- ganzer Kümmel
- 4–6 Erdäpfel
- 3 Eier
- 200–250 ml Milch
- 10 dag Topfen (20 %)
- Meersalz
- Muskat
- Pfeffer
- 2 mittelgroße Paradeiser
- 5 dag geriebener Käse

Fett erhitzen, die gewürfelte Zwiebel andünsten. Sauerkraut und Kümmel zugeben und kurz andünsten, mit den gewürfelten Pellerdäpfeln vermengen und in eine gefettete Auflaufform geben. Eier, Milch und Topfen mit Salz, Muskat und Pfeffer abschmecken und die Masse über den Auflauf verteilen. Mit Tomatenscheiben belegen und mit geriebenem Käse bestreuen. Bei 225 Grad ca. 25 Minuten überbacken.

Landgasthaus Marienhof

Andrea Herberstein, Herberstein'sche Gutsverwaltung
Buchberg 2, 8223 Stubenberg, Telefon 0 31 76/88 25-0
Küchenchef: Peter Willi

Schloss Herberstein in der Oststeiermark liegt malerisch und für Angreifer gut versteckt auf einem Fels in der Nähe von Stubenberg, dort wo die Feistritz eine leichte Schleife macht. Das über 700 Jahre alte Anwesen, das nie erobert wurde, ist mit dem Rosen- und Siegmundsgarten und dem Tiergarten ein weithin bekannter Tourismusmagnet. Seit über 300 Jahren gibt es unweit vom Schloss ein Gasthaus. Einst war es eine Schenke, heute ist es das „Landgasthaus Marienhof Herberstein". Hier wird bodenständige Küche geboten, verfeinert durch einer unwahrscheinliche Fülle an Kräutern.

Herberstein Kräuteromlett

4 Eier
2 TL gehackte Zwiebeln
1 TL gepresster Knoblauch
2 TL fein geschnittene Kräuter (Salbei, Oregano, Thymian, Zitronenmelisse)
1 TL geriebene Kürbiskerne
2 TL Kräuterbutter
etwas Obers
etwas Kernöl
Salz, Pfeffer

Eier mit einer Gabel aufschlagen, Zutaten untermengen, in einer Pfanne etwas Kernöl erhitzen und die Omlettmasse im heißen Öl stocken lassen. Mit der Gabel immer wieder umrühren. Rasch servieren.

TIPP DES HAUSES:
Das Kernöl nicht zu sehr erhitzen, da es sonst bitter wird.

Gerti Nothnagel
Marschallgasse 20, 8020 Graz

Kräuterfilet

90 dag Lammrücken bzw. Schweinsfilet
3 Bund Petersilie
1 Bund Thymian
1 Rosmarinzweig
2 Bund Schnittlauch
2 Scheiben Weißbrot ohne Rinde
Senf
1 Ei
30 dag Blätterteig
etwas Weißwein
1/8 l Schlagobers
etwas Öl
Salz
Pfeffer aus der Mühle

Kräuter grob hacken, mit 2 EL Senf, dem zerkleinerten Weißbrot und 1 EL Öl im Mixer pürieren, etwas salzen. Fleisch mit Salz und Pfeffer würzen. In heißem Öl rundherum anbraten, aus der Pfanne nehmen. Den Bratensatz mit etwas Wein ablöschen und einkochen lassen. Das abgekühlte Fleisch mit der Kräutermischung rundherum bestreichen. Blätterteig etwas ausrollen, Fleisch auf den Teig legen und einrollen, mit der Nahtstelle nach unten auf ein mit kaltem Wasser abgespültes Blech legen. Den Teig mit Eidotter bestreichen. Backrohr auf 225 Grad vorheizen, Fleisch knapp 30 Minuten backen.
Den Bratensaft durch ein Sieb gießen, aufkochen, Obers dazugeben und einkochen lassen. Zum Fleisch reichen.

Hans Gmoser
Limbach 61, 8292 Neudau

Wildkräutersalat mit Erdäpfelkrusterln und Krenvinaigrette

20 dag gemischte Wildkräuter (Löwenzahn, Gänseblümchen, Brunnenkresse, Sauerampfer, Rucola, Kapuzinerkresse)
4 Frühlingszwiebeln
1 Handvoll verschiedene Sprossen (Mungo, Kichererbsen, Soja)
3 hartgekochte Eier
1 großer, festkochender Erdapfel
4 EL Rapsöl, 1 Knoblauchzehe
1 Rosmarinzweig
Salz, weißer Pfeffer aus der Mühle
2 EL Weißweinessig, 1 EL Apfelessig
2 EL Weißwein oder Most, Salz
4 EL Rapsöl
1–2 EL frisch geriebener Kren

Wildkräuter waschen und etwas trockentupfen. Frühlingszwiebeln in schräge, dünne Scheiben schneiden, Eier in Scheiben schneiden. Erdapfel schälen und in sehr kleine Würfel schneiden. Rapsöl mit der ungeschälten Knoblauchzehe und dem Rosmarinzweig erhitzen und die Erdäpfelwürfel darin goldbraun braten. Gut abtropfen lassen und mit Salz und frischem Pfeffer würzen. Für die Vinaigrette die beiden Essigsorten, Weißwein und Salz verrühren, bis sich das Salz aufgelöst hat. Dann unter ständigem Rühren mit einem Schneebesen das Rapsöl zugießen. Den frischen Kren unter die cremige Salatsauce mischen und den Salat damit marinieren. Mit den Erdäpfelkrusterln bestreut servieren.

Gerlinde Pichler, Jasnitz 83
8643 Allerheiligen i. Mürztal

Kräuterweckerl

1 Würfel Germ
1 TL Staubzucker
ca. 1/2 l Milch
1 1/2 EL Salz
Pfeffer
1 kl. Zwiebel, fein gehackt
ca. 6 EL Kräuter, fein gehackt
50 dag Dinkel, frisch gemahlen
50 dag Mehl
1 Ei

Germ mit Staubzucker glattrühren, dann Milch, Salz, Pfeffer, die Zwiebel, die Kräuter (wie z. B. Schnittlauch, Petersilie, Dill, Majoran, Bohnenkraut, Thymian, Boretsch, wenig Liebstöckel, etwas Oregano) dazugeben und verrühren, den Dinkel und das Mehl dazugeben und gut durchkneten.
Gut gehen lassen und nochmals durchkneten. Abermals gehen lassen, Weckerl formen und mit dem Ei bestreichen. Im Rohr bei 220 Grad backen. Wasser ins Rohr stellen, denn durch den Dampf werden die Weckerl saftiger.

Gasthof Brunnenstadl

Franz und Elisabeth Stoisser, 8490 Bad Radkersburg
Gleichenberger Straße 4, Telefon 0 34 76/37 10
Küchenchef: Bernd Steirer

Radkersburg ist eine Grenzstadt mit einer bewegten Geschichte. Heute ist Radkersburg ein besonderes Beispiel für Denkmalpflege und Ortsbildgestaltung und diese Gesinnung des Erhaltens zeigt sich auch bei den Wirtshäusern. Der Brunnenstadl beispielsweise war früher ein alter Bauernhof, der vor einigen Jahren zu einer Erlebnisgaststätte ausgebaut wurde, wo traditionelle steirische Küche im Vordergrund steht. Dabei werden das ganze Jahr über verschiedene kulinarische Schwerpunkte gesetzt. Im Spätsommer beispielsweise dominiert der Kürbis.

Blätter- oder Strudelteig
1/16 l Sauerrahm zum Bestreichen
1 Ei

FÜLLE:

1 EL Margarine
2 Zwiebeln, gehackt
50 dag Speisekürbis (in Streifen geschnitten)
4 Erdäpfel, gekocht und geraspelt
Salz, Pfeffer
gemahlener Kümmel
zerdrückter Knoblauch
Paprikapulver
Schnittlauch
Petersilie
Majoran
Thymian
Oregano
Essig nach Geschmack
1/8 l Sauerrahm
2 Eier

TIPP DES HAUSES

Ei und Sauerrahm versprudelt, ergibt beim Backen eine schöne Farbe.

Kürbisstrudel auf Weißwein-Basilikumsauce

Margarine zerlassen, Zwiebeln glasig anschwitzen, Kürbis, Gewürze und Kräuter beigeben, Essig nach Geschmack zufügen und alles kurz dünsten lassen (Kürbis soll noch knackig bleiben). Dann die Erdäpfel beimengen und anschließend den Sauerrahm mit Ei versprudelt dazugeben.
Die Fülle erkalten lassen, dann die Masse in die Mitte des Teiges streichen.

Die Teigränder mit Ei bestreichen, zusammenschlagen, auf ein befettetes Backblech geben und bei 180 Grad ca. 30 Minuten backen.

Erika Fuchs
Johnsdorf 15, 8350 Fehring

Johnsdorfer Kürbiskerntorte

6 Dotter
30 dag Kristallzucker
15 dag geriebene Nüsse (Mandeln, Hasel- oder Walnüsse)
15 dag getrocknete Kürbiskerne
6 Eiklar
20 dag Äpfel
5 dag Mehl
1 Stamperl Rum
5 dag Brösel
Staubzucker zum Bestreuen

Die Dotter mit dem Zucker schaumig rühren, dann die geriebenen Nüsse daruntermischen. Die Eiklar mit dem restlichen Zucker schlagen, bis sie schmierig sind, dann die geriebenen Kürbiskerne daruntermischen. Beide Massen vorsichtig vermischen und die geschälten, feinwürfelig geschnittenen Äpfel unterheben. Die mit Rum befeuchteten Brösel unter die Masse mischen und das Mehl leicht einmengen. Den Boden einer Tortenform befetten, die Masse einfüllen und im Backrohr bei 180 Grad ca. 1 1/4 Stunden backen. Die ausgekühlte Torte mit Staubzucker bestreuen und mit gerösteten Kürbiskernen belegen.

Christine Rauch
Blümelstraße 18a, 8020 Graz

Kürbisrisotto

1/2 abgezogene Knoblauchzehe
etwas Olivenöl
1 Zwiebel
20 dag Rundkornreis
1 frischer Thymianzweig
1/2 l Hühner- oder Gemüsesuppe
6 cl Weißwein
5 dag kalte Butterflöckchen
1 EL frisch geriebener Parmesan
12 dag Kürbiswürfel
2 EL Kürbiskerne
Salz, Pfeffer

Einen Topf mit der Knoblauchzehe ausreiben und das Olivenöl darin erhitzen.
Die Zwiebel fein würfeln und dazugeben. Glasig dünsten. Den Reis unter die Zwiebel rühren und mit Weißwein ablöschen. Thymianzweig einlegen und mit etwas Suppe aufgießen. Unter ständigem Rühren einkochen lassen. Diesen Vorgang drei- bis viermal wiederholen. Dann die restliche Suppe und die kleinen Kürbiswürfel dazugeben und fertig garen. Zum Schluss die kalten Butterflöckchen unterrühren und mit Parmesan, Salz und Pfeffer abschmecken. Kürbiskerne grob hacken, in Butter anrösten und unter das fertige Risotto geben. Beim Anrichten eventuell einige Tropfen Kürbiskernöl darüber träufeln.

Herta Grabner
Mozartstraße 1, 8641 St. Marein

Kürbispalatschinken

15 dag Mehl
Salz
0,3 l Milch
3 Eidotter
1 EL zerlassene Butter
50 dag Kürbis
Salz
2 EL Olivenöl
2 Schalotten, gehackt
2 Knoblauchzehen, geschnitten
2 EL Petersilie, gehackt
1/2 Bund Basilikum
Pfeffer
3 Eiklar
1 Msp. Backpulver
geriebener Käse
Kräuter

Mehl, Salz, Milch, Eidotter und die zerlassene Butter zu einem glatten Teig verrühren und 1 Stunde rasten lassen. Inzwischen den Kürbis schälen, entkernen und in feine Würfel schneiden oder raspeln. Leicht salzen, in ein Sieb geben und Saft ziehen lassen. Olivenöl erhitzen, die Schalotten und Knoblauchzehen darin glasig dünsten. Den gut ausgepressten Kürbis zufügen und unter Wenden braten, bis die Flüssigkeit verdampft ist.
Mit gehackter Petersilie, Basilikum, Salz und Pfeffer würzen und die Masse leicht auskühlen lassen. Eiklar und Backpulver steif schlagen und sorgfältig unter den Teig mischen. Kürbis dazugeben und in heißem Butterschmalz Palatschinken backen.
Zur Hälfte zusammenklappen, mit geriebenem Käse und Kräutern bestreuen.

Peterhof

Sonja Waldner, 8101 Gratkorn, Harterstraße 13
Telefon 0 31 24/221 87
Küchenchef: Sonja Waldner

Nördlich von Graz liegt Gratkorn mit seiner bedeutenden Papierindustrie. Direkt am Ortseingang an der Bundesstraße findet man den „Peterhof", einen traditionellen Gasthof, der unter der Woche ein wichtiger Treffpunkt für Geschäftsessen ist, ganz nach dem Motto: Nicht nur beim Reden, sondern auch beim Essen kommen die Leute zusammen.

TIPP DES HAUSES

Bärlauch deshalb erst spät zugeben, damit er nicht verkocht und der Geschmack erhalten bleibt.

Bärlauch-risotto

20 dag Mittelkornreis
2 Schalotten
Bärlauch nach Wunsch
1 EL Parmesan
6 dag Butter, kalt
2 dag Olivenöl
6 cl Weißwein
1/2 l Rindsuppe, Salz und Pfeffer

Die Schalotten im heißen Öl anschwitzen, den Reis zugeben und mit Weißwein und Rindsuppe ablöschen. Etwa 16 Minuten unter ständigem Rühren köcheln lassen, dann den geschnittenen Bärlauch zugeben, die kalte Butter unterrühren und mit dem geriebenen Parmesan verfeinern.

Reinhilde Berger
Altenmarkt 120, 8551 Wies

Lammkoteletts in Bärlauchsauce

- 4 Lammkoteletts
- 7 dag Butter
- 1 Zwiebel
- 1 Bund Bärlauch
- 15 dag Rohschinken
- 1 rote Pfefferoni
- 1 Lorbeerblatt
- Rosmarin
- Kräutersalz, Pfeffer
- 1/4 l Schilcher

Lammkoteletts in Butter anbraten, mit Kräutersalz, Pfeffer und Rosmarin würzen. Zwiebel und Bärlauch in Butter anrösten, gehackten Schinken und Pfefferoni dazugeben, mit Schilcher aufgießen. Fleisch und Kräuter zugeben, 20 Minuten dünsten lassen.

Annemarie Gschoßmann
Trofengbachgasse 32, 8790 Eisenerz

Bärlauch-nudeln

- 20 dag Bandnudeln
- 2 Schalotten
- 4 dag Butter
- etwas Olivenöl
- 15 dag Bärlauch
- geriebener Parmesan
- Salz, Pfeffer aus der Mühle

Schalotten in dünne Ringe schneiden, in Butter und Olivenöl glasig rösten. Bärlauch beifügen und etwa 3 Minuten mitrösten. Mit Salz und Pfeffer würzen und Olivenöl unterrühren. Nudeln in Salzwasser al dente kochen, mit dem Bärlauch und Parmesan vermengen und servieren.
Mit Cocktailparadeisern und Bärlauch garnieren.

Hannelore Klapsch
Unter-Schwarza 82, 8471 Spielfeld

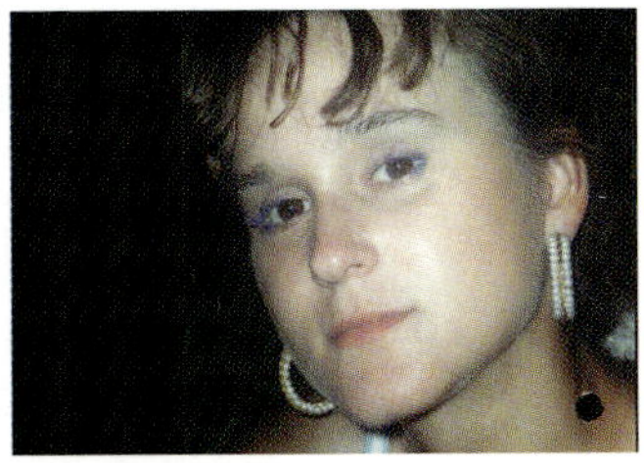

Bärlauch-gemüseauflauf

- 15 dag Nudeln
- 15 dag Mischgemüse
- 1/8 l Sauerrahm
- 5 dag Crème fraîche
- 8 dag Topfen
- 2 Eier
- 2 EL Weizengrieß
- 1 Hand voll Bärlauch
- Salz, Pfeffer
- Muskat

Auflaufförmchen mit Butter ausstreichen und bebröseln, Mischgemüse in Salzwasser weichkochen, im Gemüsefond die Nudeln al dente kochen. Sauerrahm, Crème fraîche und Topfen vermischen, Eier und Grieß einrühren. Die Masse mit Nudeln, Gemüse und gehacktem Bärlauch vermischen und mit Salz, Pfeffer und Muskat würzen. In die Auflaufförmchen füllen, 25 Minuten bei 180 Grad im Backrohr garen, dann stürzen.

Almwirt

Fam. Steinbichler, 8010 Graz, Bergstraße 21
Telefon 0 316/58 56 7
Küchenchef: Thomas Steinbichler

Vor über hundert Jahren gab es am Südhang des Plabutsches noch Weingärten und aus dieser Zeit stammt auch der Gasthof „Zum Almwirt" gleich hinter dem Schloss Eggenberg. Seit einem Vierteljahrhundert wird dieser Gasthof von der Familie Steinbichler geführt. Seine Besonderheit ist einerseits die idyllische Lage und andererseits natürlich das kulinarische Angebot.
So bezieht der Wirt das Gemüse beispielsweise aus der nahegelegenen Klostergärtnerei der Schulschwestern und er legt großen Wert darauf, dass sich die Jahreszeit in seiner Speisekarte widerspiegelt.
Im Frühjahr beherrscht daher natürlich der Spargel das Geschehen in der Küche.

Spargelsulz

1/2 l Spargelsud
10 Blatt Gelatine
1/8 l Rahm
1/2 Zitrone
Salz, Pfeffer
1/16 l Weißwein
25 dag Spargel
2 Tomaten

Flüssigkeiten vermengen, eingeweichte Gelatine zugeben und glattrühren, gekochten und ausgekühlten Spargel mit Tomatenwürfeln einschlichten, mit Flüssigkeit aufgießen, 4 Stunden im Kühlschrank stocken lassen.

Anna Schilcher
Brunnhof 38, 8130 Frohnleiten

Überbackener Spargel

Spargel
1 Ei
2 EL geriebener Parmesan
Muskatnuss
Worcestersauce

Spargelstangen vom Kopfansatz nach abwärts schälen und die holzigen Enden wegschneiden. In Salzwasser mit wenig Zucker weichkochen, in eine gebutterte, feuerfeste Porzellanschüssel einlegen. Mit dem Ei, in das Muskatnuss und etwas Worcestersauce eingerührt wurde, übergießen und im Rohr hellbraun überbacken.

TIPP DES HAUSES

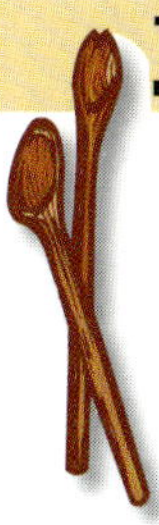

Beim Kochen des Spargels nur so viel Wasser in den Topf geben, dass die Spargelspitzen nicht bedeckt sind. Wenn man zudem Weißbrot mitkocht, wird der Spargel garantiert nicht bitter.

Marianne Paller
Hohenau 144, 8162 Passail

Spargelstrudel

Teig: Blätterteig
Fülle: 50 dag Topfen
50 dag Spargel
10 dag Schinken in Scheiben
Saft 1/2 Zitrone
2 EL gehackte Petersilie
2 Eier
Salz, Pfeffer
Zucker
etwas Mehl
1 Ei zum Bestreichen

Teig vorbereiten und auf einem bemehlten Küchentuch auswalken. Spargel schälen und in Salzwasser mit Zitronensaft und je 1 EL Zucker al dente kochen. Topfen mit Eiern und Petersilie verrühren. Die Hälfte dieser Masse auf einem Drittel des Strudelteiges verstreichen. Darüber zuerst den Spargel schlichten, mit Schinkenblättern bedecken und die restliche Topfenmasse darüberstreichen. Seitenränder des Teiges einschlagen und den Strudel einrollen. Mit zerlassener Butter bestreichen und im vorgeheizten Rohr auf mittlerer Schiene bei 180 Grad etwa 25 Minuten backen. Dazu reicht man Schnittlauchsauce.

Margarete Nagele
Schmiedgasse 23/15, 8430 Leibnitz

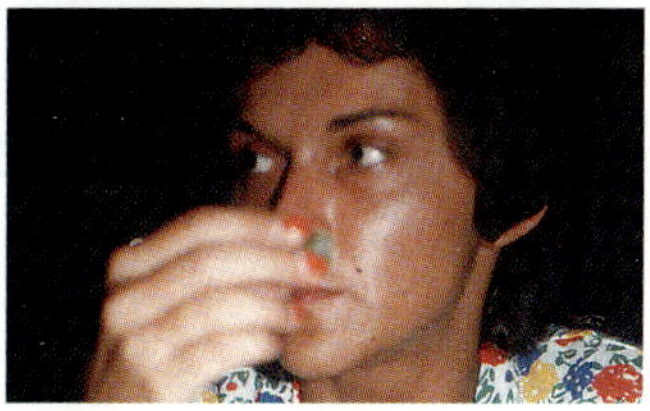

Kalbfleisch-Röllchen mit Spargel

60 dag Spargel
1 TL Butter
Salz, Pfeffer, Zucker
4 dünne Kalbsrouladen
4 Scheiben roher Schinken
6 EL Speiseöl
50 ml Weißwein (trocken)
400 ml Rindsuppe
1 kleine Zwiebel
1 El gehackte Petersilie
2 EL Balsamessig
evtl. Speisestärke

Spargel putzen und das untere Drittel schälen. In Salzwasser mit etwas Zucker und Butter etwa 3 Minuten kochen.
Die Rouladen mit je 1 Scheibe Schinken belegen. Jeweils 4 Spargelstangen halbieren und in eine Roulade wickeln. Mit Spießen feststecken.
1 EL Öl erhitzen und die Rouladen darin rundherum anbraten. Mit Wein und Suppe aufgießen und bei milder Hitze im geschlossenen Topf ca. 30 Minuten garen. Zwiebel schälen, würfelig schneiden und mit Petersilie, dem restlichem Öl und Balsamessig verrühren, mit Salz und Pfeffer abschmecken. Den verbliebenen Spargel mit dem Dressing mischen. Die Rouladen schräg aufschneiden. Die Sauce abschmecken und eventuell mit Speisestärke binden. Das Fleisch mit Sauce und Spargelsalat anrichten. Als Beilage reicht man Kroketten.

Wild Schwammerln

Die Schätze des Waldes

Gasthof Herbst

Martha und Robert Herbst
8330 Feldbach, Gniebing 15, Telefon 0 31 52/27 41
Küchenchef: Johann Herbst

Dort, wo sich einst das Wächterhäuschen zwischen Schloss Kornberg und Feldbach befand, liegt in einem sanften Tal der Landgasthof Herbst, ein besonderer Gasthof, den Gäste und Einheimische gleichermaßen gerne aufsuchen. Die zahlreichen Wälder der Umgebung bieten nicht nur viele Wandermöglichkeiten für Erholungssuchende, sondern bergen auch so manchen Leckerbissen, der sich dann auf der Speisekarte des Gasthofs wiederfindet. Kein Wunder, sind die treuen Stammtischgäste doch lauter Jäger. Und so ist es auch ein Wildgericht, das der Wirt seinen Gästen besonders empfiehlt.

Fasan à la Herbst

1 junger Fasan
Speckstreifen zum Spicken
Rosmarin
Salz, Pfeffer
Röstgemüse

Fasan spicken, Haut mit Salz und Pfeffer einreiben, kurz anbraten und im Rohr bei 165 Grad fertigbraten. Kurz vor Ende der Bratzeit Röstgemüse ins Rohr dazugeben. Mit Rotkraut, Specklinsen und glasierten Kastanien servieren.

TIPP DES HAUSES: Den Fasan mit Speck spicken und mit Äpfel füllen – das ergibt den guten Geschmack.

Konrad Kysela
Parkstraße 4 b/1, 8181 St. Ruprecht

Wildschwein-rücken

1 Jungwildschweinrücken
2 Zwiebeln
2 Karotten
1 Sellerieknolle
Salz, Pfeffer, Wacholderbeeren
Lorbeerblatt
1/4 l Weißwein
6 dag Fett
3 EL geriebenes Schwarzbrot
1 Tasse Sauerrahm
1 EL Mehl
3 EL Preiselbeeren

Den Jungwildschweinrücken mit dem klein geschnittenen Gemüse, den Gewürzen und dem Wein zugedeckt dünsten, anschließend in eine Bratpfanne geben, mit Butter übergießen, mit Schwarzbrotbrösel bestreuen, im Backofen knusprig braten. Die Sauce mit etwas Suppe, Preiselbeeren und Mehl verquirlen, kurz aufkochen und zum Wildschweinrücken servieren.

Edeltraud Schöller
8344 Bad Gleichenberg 309

Rehfilet „Schloss Porcia“

1 Rehfilet, ca. 15 dag
5 dag Hühnerleber
5 dag Butter
1 Glas Rotwein
10 dag Champignons
3 dag Butter
Salz, Pfeffer,
Petersilie

Rehfilets mit Hühnerleberstückchen in heißer Butter von beiden Seiten anbraten, würzen, mit Rotwein übergießen und dünsten. Champignons mit in Butter gehackter Petersilie dünsten, damit das Filet samt dem Leberstück garnieren.

Gabriele Pichler
8563 Ligist 65

Hirschroulade mit Eierschwammerln

4 Hirschschnitzel
Dijonsenf
Eierschwammerln
Weißwein
Thymian, Majoran,
Petersilie, Liebstöckel
Salz und Pfeffer
etwas Obers

Hirschschnitzel klopfen, salzen und pfeffern, mit Dijonsenf bestreichen. Für die Fülle klein geschnittene Eierschwammerln mit Zwiebel in Butter andünsten, mit Weißwein ablöschen und mit Thymian, Majoran, Petersilie und Liebstöckel würzen. Mit Mehl stauben, die Schnitzel damit füllen, in Butter anbraten und zum Fertigdünsten mit Rotwein und Suppe aufgießen, mit Salz und Pfeffer abschmecken und mit Obers verfeinern.

Gasthof 3 Raben

Michael und Susanne Leypold, 8704 Donawitz
Im Tal 17, Telefon 0 38 42/21 3 34-0
Küchenchefin: Susanne Leypold

Donawitz ist eines der wirtschaftlichen Zentren der Steiermark und so ein Wirtschaftszentrum braucht natürlich auch eine gut funktionierende Gastronomie. Der Gasthof „3 Raben“ ist ein eindruckvolles Beispiel dafür. Geschäftsessen, Betriebsfeiern, Familienfeste – seit hundert Jahren werden die Gäste verwöhnt. Selbstverständlich gibt es echte steirische Schmankerlkost, und weil man auf Frische Wert legt, findet man in jeder Jahreszeit besondere Spezialitäten auf der Speisekarte, wie zum Beispiel im Sommer die Schwammerln, für die es sogar eine eigene Karte gibt, mit einer köstlichen Auswahl verschiedener Schwammerlgerichte.

Schwammerlstrudel

1 kg Eierschwammerln
2 EL Petersilie
2 EL Zwiebel, feingehackt
3 EL Maizena
1 EL Grieß
1/8 l Rahm
etwas Rindsuppe zum Aufgießen
Salz, Pfeffer
Majoran
Schnittlauch

Zwiebel anrösten, Schwammerln zugeben und anschwitzen, Gewürze und Kräuter zugeben. Mit Maizena einstauben, mit Rindsuppe aufgießen und zu einer Sauce einkochen, Grieß einstreuen. Die etwas überkühlte Schwammerlsauce auf einen Strudeltag streichen, den Strudel einrollen, mit Ei bestreichen und im Rohr bei 180 Grad 35 Minuten backen.

Martina Janesch
Kollmanngasse 11, 8510 Stainz

Pilzpastete

(10–12 Port.)
- 25 dag Putenbrust
- Pfeffer, Salz
- 2 Eiklar
- 1/4 l Obers
- 1 kg Eierschwammerln oder Pilze
- 8 dag durchzogener Speck
- 2 Zwiebeln
- 2 Knoblauchzehen
- 1 Bund Petersilie
- 1 EL Butter

Putenbrust mit Eiklar und Obers im Mixer zu einer glatten Creme pürieren. Pfeffern, salzen und zugedeckt 30 Minuten kühlstellen. Pilze waschen, putzen, abtropfen lassen und würfeln. Petersilie abbrausen, abtrocknen und fein wiegen. Speck in einer Pfanne langsam auslassen und knusprig rösten. Zwiebeln und Knoblauch einrühren, glasig werden lassen, die Pilze zugeben und unter Rühren etwa 6–8 Minuten schmoren lassen. Die Flüssigkeit soll dabei einkochen. Erkalten lassen, eine Pasteten- oder Kastenform mit Alufolie auslegen und ausfetten. Den Fleischteig und die Pilze miteinander vermengen, in die Form füllen, mit der Alufolie verschließen, zudecken und ins Wasserbad stellen. Im vorgeheizten Rohr bei 200 Grad etwa 60 Minuten backen. Die fertige Pastete herausnehmen und über Nacht auskühlen lassen.

Gabriele Meyer
Jaritzberg 145, 8113 St.Bartholomä

Eierschwammerlkuchen

FÜR DEN TEIG:
- 20 dag glattes Mehl, 10 dag Butter
- ca. 2 EL Wasser, 1 Ei, 1 Prise Salz

FÜR DIE FÜLLE:
- 80 dag Eierschwammerln
- 1 kl. Zwiebel
- 10 dag Frühstücksspeck (3 mm dick geschnitten)
- 2 EL gehackte Petersilie
- 2 Knoblauchzehen
- etwas Liebstöckel

FÜR DEN ÜBERGUSS:
- 1/4 l Sauerrahm, 1/16 l Schlagobers
- 1/16 l Milch, 3 Eier

Für den Teig Mehl mit der Prise Salz vermischen, mit Butter verbröseln und mit Wasser und Ei rasch zu einem glatten Teig verkneten. Teig in Frischhaltefolie wickeln und ca. 1 Stunde kaltstellen. Inzwischen Eierschwammerln putzen, waschen, gut abtropfen lassen und je nach Größe vierteln oder sechsteln. Zwiebel schälen. Zwiebel und Speck kleinwürfelig schneiden und in 2 EL Butter anschwitzen. Schwammerln zugeben und mitrösten. Mit Salz, Pfeffer, zerdrücktem Knoblauch und ein wenig gehacktem Liebstöckel würzen. Schwammerln auf einem Sieb gut abtropfen lassen. Backrohr auf 200 Grad vorheizen. Auf einer bemehlten Arbeitsfläche Teig messerrückendick ausrollen, eine runde Backform mit dem Teig auslegen. Teigboden mit einer Gabel mehrmals einstechen, Schwammerln gleichmäßig auf dem Teig verteilen und mit Petersilie bestreuen. Für den Überguss Sauerrahm, Obers, Milch und Eier gut verquirlen, mit Salz, Pfeffer und geriebener Muskatnuss würzen und über die Schwammerln gießen. Kuchen im vorgeheizten Rohr ca. 1/2 Stunde backen. Kuchen aus dem Rohr nehmen und vor dem Anschneiden noch ca. 10 Minuten rasten lassen.

Gertrude Grünauer
Brahmsgasse 21, 8605 Kapfenberg

Palatschinkenauflauf mit Schwammerlfülle

- 8 Palatschinken
- Schwammerln je nach Jahreszeit
- Zwiebel
- Petersilie
- Muskat
- Butter
- Salz
- süßer oder saurer Rahm
- 2 Eier
- evtl. gekochte, würfelig geschnittene Erdäpfel sowie gebratenen oder gekochten Schinken

Schwammerln in Butter dünsten, Zwiebel, Petersilie und Salz im eigenen Saft weichdünsten und 2–3 EL Rahm einrühren. Mit dieser dicklichen Sauce die Palatschinken bestreichen, zusammenrollen und in eine befettete Auflaufform schichten. 1/8 l Rahm und Eier versprudeln, Salz und Muskat dazugeben und die Palatschinken damit übergießen. Im heißen Rohr etwa 45 Minuten backen. Wenn der Überguss gestockt ist, ist der Auflauf fertig. Dazu reicht man grünen Salat.

Für Sterzinger und Knödelesser

Sterz
Knödel
Spätzle
Nockerln
Schmarren
Heidenmehl

Gasthof Heber

Gertraud und Alfred Heber
8442 Kitzeck 52, Telefon 0 34 56/22 25
Küchenchefin: Gertraud Heber

Gefüllte Steinpilzkappen

Schon von weitem erblickt man das hochgelegene Kitzeck an der Sausaler Weinstraße mit seinen charakteristischen Klapotzen und den steilen Weinhängen. So nimmt es nicht wunder, dass man auch beim Kirchenwirt Wein aus dem eigenen Weinkeller kredenzt bekommt. Aber zu Kitzeck gehört nicht nur ein guter Wein, sondern auch gutes Essen mit einem betont bodenständigen Bezug. Beim Durchlesen der Speisekarte merkt der Gast gleich, dass dabei der Sterz, also der Polenta, eine wichtige Rolle spielt und die Haubenköchin und Wirtin verrät eines ihrer ganz besonderen Sterzrezepte.

6 Steinpilzkappen
3–4 Herbsttrompeten (oder Champignons), 1 Schalotte
etwas feingeschnittener Speck
10 dag gekochter Polenta
1–2 Eidotter, frisch geriebener Parmesan, Pfeffer, Salz

Schalotte, Speck und Schwammerln in Öl anschwitzen, Sterz dazugeben, mit den Eidottern zu einer Masse verrühren, mit Parmesan, Salz und Pfeffer würzen. Steinpilzkappen damit füllen, in einer bebutterten Schüssel nochmals mit Parmesan bestreuen und im Rohr bei 200 Grad 10 Minuten überbacken. In einer leichten Tomatensauce anrichten.

TIPP DES HAUSES: Frisch geriebenen Parmesan verwenden, weil der Geschmack dadurch intensiver wird!

Gabriele Gössnitzer
St. Lorenzen 84, 8552 Eibiswald

Sterznockerl

1/4 l Milch
10 dag Sterz
1/2 l Obers
4 Blatt Gelatine
etwas Salz
Cointreau

Sterz mit einer Prise Salz in einem viertel Liter Milch aufkochen, überkühlen lassen, ein viertel Liter Obers einrühren, ein viertel Liter Obers mit Zucker aufschlagen und mit 4 Blatt eingeweichter Gelatine in die kalte Masse rühren. Mit Cointreau abschmecken, in Puddingformen füllen und kalt stellen.

Helma Gindl
Fischerauergasse 14, 8700 Leoben

Grießflammeri

2 Tassen Milch
3 EL Zucker
1 Prise Salz
5 EL Grieß
1/2 Zitrone, Schale
1 EL Rosinen
1 TL Zitronat
1 Ei

Grieß zusammen mit Zucker und Salz in warme Milch einstreuen und unter Rühren 10 Minuten kochen. Rosinen, Zitronat und geriebene Zitronenschale untermengen, mit dem Eidotter legieren und den steifen Eischnee unterziehen. In eine mit kaltem Wasser ausgespülte Form füllen und nach dem Erkalten stürzen.

Brigitte Sonnbichler, Turmplatzsiedlung 6, 8670 Krieglach

Polentaschnitten

20 dag Polenta
10 dag Butter
1/8 l Milch
1/2 l Wasser
Kräutersalz, Zwiebel, Parmesan

Milch, Wasser und die Hälfte der Butter zum Kochen bringen, Polenta einstreuen, rühren, bis die Masse dick ist. Auf ein Brett fingerdick auftragen, auskühlen lassen. Rechtecke schneiden, in Butter goldbraun backen, die heißen Polentaschnitten mit gerösteten Zwiebelringen und Parmesan bestreuen.

Knödelalm, GH Pohn

Hilde und Alfred Pohn
8983 Bad Mitterndorf 268, Telefon 0 36 23/33 80
Küchenchefin: Hilde Pohn

Vor der Kulisse des mächtigen Grimmings erstreckt sich eine der reizvollsten Landschaften Österreichs, das steirische Salzkammergut mit seinen Wanderwegen, eine Landschaft, in der die Seele Erholung findet. Wer von Tauplitz aus in Richtung Ödensee unterwegs ist, der kann auf der Höhe von Bad Mitterndorf, romantisch am Waldrand gelegen, ein kleines Wirtshaus entdecken: die Knödelalm. Schon der Name verheißt Köstliches. Und für die Liebhaber der oft gar nicht so kleinen runden Schmankerln ist dieser Gasthof ein Paradies. Über 25 verschiedene Knödelarten werden hier angeboten, und wer gedacht hat, Knödel sind nur eine Beilage, der wird hier eines Besseren belehrt.

Gefüllte Knödel

1 kg mehlige Erdäpfel
1/4 kg glattes Mehl
15 dag Semmelbrösel oder Grieß
5 Eier, Salz, Pfeffer, ev. Kräuter
FÜLLE: Obst, Spinat, Fleisch, Grammeln …

Erdäpfel kochen und noch heiß durchpressen, gut auskühlen lassen! Mit den anderen Zutaten zu einem griffigen Teig verarbeiten. Dieser Teig eignet sich für alle Arten von gefüllten Knödeln. Generelle Kochzeit: etwa 1/4 Stunde. **TIPP DES HAUSES:** Die Erdäpfel am Vortag kochen und pressen, dann fallen die Knödel nicht auseinander.

Ilse Winkelmeier, Johann-Joseph-Fux-Straße 12, 8605 Kapfenberg

Erdäpfelknödel

- 60 dag Erdäpfel
- 20 dag Weizenvollmehl
- 10 dag Vollkorngrieß
- 1 Ei
- 1 TL Sojamehl
- 3 dag Butter
- 2 Zwiebeln
- 30 dag Blattspinat
- Salz, Pfeffer, Knoblauch
- 25 dag Schafkäse

Die gekochten Erdäpfel noch heiß pressen, alle Zutaten dazugeben, schnell verarbeiten. Zwiebel in Butter dünsten und Knoblauch dazugeben, mit würfelig geschnittenem Schafkäse vermischen. Knödel mit Spinat und dem vermischten Schafkäse füllen, ca. 15 Minuten kochen. Mit Schnittlauchsauce servieren.

Kreszentia Glöckl
Riegersbach 109, 8250 Vorau

Nussknödel mit Weintrauben

- 50 dag kernlose Weintrauben
- 50 dag Topfen
- 5 dag zerlassene Butter
- 15 dag geriebene Nüsse
- 3 Eier, 5 dag Mehl
- 2 EL Kristallzucker
- Schale und Saft von 1/2 Zitrone
- 2 EL Grieß
- 5 dag Staubzucker, 1 Schuss Rum

FÜR DIE TRAUBENSAUCE:

- 2 TL Maisstärke
- 1/4 l Weißwein, 4 EL Zucker
- 1 P. Vanillezucker
- 1/8 l Schlagobers, 1 EL Weinbrand

Trauben waschen und trockentupfen. Topfen mit Butter, 5 dag Nüssen, den Eiern, dem Mehl und 2 EL Kristallzucker, dem Grieß, Rum und Zitronensaft sowie Zitronenschale vermengen. Zwei Drittel der Weintrauben einarbeiten und die Masse ca. 1/2 Stunde im Kühlschrank rasten lassen. Restliche Nüsse mit Staubzucker vermischen. Für die Sauce Maisstärke mit 2 EL Wein glattrühren. Restlichen Wein aufkochen und die Stärke einrühren. Vanillezucker, Zucker, die restlichen Trauben, Schlagobers und Weinbrand zufügen und die Sauce 2 Minuten köcheln lassen.
Aus der Nussmasse kleine Knödel formen. Knödel in leicht gesalzenem Wasser 8 Minuten ziehen und anschließend abtropfen lassen. In Zucker-Nuss-Mischung wälzen. Mit der warmen Traubensauce als Beilage servieren.

Marianne Schickhofer
Max-Mell-Weg 20, 8132 Pernegg

Eierknödel

- 50 dag gekochte Erdäpfel
- 1 Ei
- 15 dag Mehl
- 3 dag Butter
- Eierspeise von 5 Eiern
- 10 dag Brösel
- 10 dag Butter
- Petersilie

Die gekochten Erdäpfel fein reiben, mit Mehl, Ei, Butter und Salz vermengen, rasten lassen. Dann Knödel formen, jeden Knödel mit Eierspeise und Petersilie füllen und in schwach kochendem Salzwasser 15 Minuten kochen lassen, in gerösteten Brösel wälzen.

Burghotel Deutschlandsberg

Dieter Zimmer, 8530 Deutschlandsberg
Burgstraße 19, Telefon 0 34 62/56 56
Küchenchef: Dieter Zimmer

Majestätisch liegt die Burg Landsberg, die im 12. Jahrhundert erbaut wurde, ober der Stadt, der sie ihren Namen gegeben hat. In der 800-jährigen Geschichte haben die Eigentümer des Hauses immer wieder besondere Kreativität in der Küche walten lassen und ihre Rezepte an die Nachfahren weitergegeben. So stammen die Rezepte für den Tartarenhut und für die Bockbiersuppe beispielsweise aus dem Mittelalter. Aber nicht nur der eigenen Tradition war und ist man verpflichtet, sondern nimmt auch vielerlei kulinarische Anregungen aus „fremden Ländern“ auf, wie die echt schwäbischen Spätzle auf der Speisekarte verraten, die der jetzige Inhaber aus seiner Heimat mitgebracht hat.

Schwäbische Eierspätzle

50 dag Mehl
1/8 l Milch
2 Eier
Salz
Muskatnuss
1 Schuss Mineralwasser

Mehl, Milch und Eier zu einem Teig verrühren, salzen und etwas Muskatnuss dazureiben, einen Schuss Mineralwasser zufügen und so lange rühren, bis der Teig Blasen wirft. Über einen Spätzlehobel ins kochende Wasser eintropfen lassen, kurz aufkochen und in kaltem Wasser abschrecken.

TIPP DES HAUSES:
Ein Schuss Mineralwasser lockert den Spätzleteig, etwas Öl im Kochwasser verhindert das Zusammenkleben.

Irene Schwar
Hitzendorf 195/5, 8151 Hitzendorf

Rahmspätzle mit Erbsen

- 50 dag Mehl
- 4 Eier
- 3/16 l Wasser
- 1 Schuss Mineralwasser
- 1 EL Öl
- 10 dag grüne Erbsen
- 10 dag Crème fraîche
- 8 dag Rahmkäse (Brie oder Camembert)
- Butter zum Anrösten
- Schnittlauch
- Salzwasser zum Kochen
- Butter für die Form
- Salz und Pfeffer

Die Zutaten zu einem mittelfesten Teig verarbeiten, mit dem Spätzlesieb den Teig in kochendes Wasser einarbeiten, einmal aufkochen lassen und abseihen. In Butter anrösten, Erbsen und Crème fraîche dazugeben, mit Salz und Pfeffer würzen. In eine feuerfeste Form füllen, mit dem Rahmkäse belegen und im heißen Backrohr kurz überbacken. Vor dem Servieren mit Schnittlauch bestreuen.

Luise Lechner
Sierling 3, 8510 Stainz

Spätzle mit Wildkräutersauce

Für die Wildkräutersauce:
- 1 EL Butter
- 1 kl. Zwiebel
- 30 dag Wildkräuter (Löwenzahn, Gundelrebe, Brennnessel, Bärlauch, Pimpinelle, Dost, Quendel, Sauerampfer, Spitzwegerich, Schafgarbe, Kresse, Kerbel)
- ca. 1/4 l Gemüsefond
- 1 EL Sauerrahm oder Crème fraîche
- etwas Dinkelvollmehl
- Salz
- weißer Pfeffer, frisch gemahlen
- Muskatnuss, fein gerieben

Butter zerlassen, Zwiebel glasig anlaufen lassen, Wildkräuter fein schneiden und dazugeben. Den Gemüsefond dazugießen. Bei schwacher Hitze 5 Minuten köcheln lassen. Sauerrahm mit Dinkelvollmehl vermengen und in die Sauce rühren. Mit Salz, Pfeffer und Muskatnuss abschmecken. Spätzle auf Teller anrichten und mit Wildkräutersauce übergießen.

Theresia Zweytick
Neuhofen 1b, 8732 Seckau

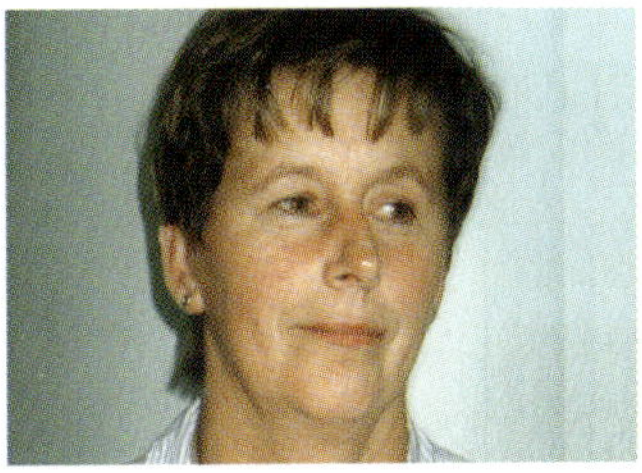

Schwarzbeernockerl

- 25 dag Mehl
- 2 Eier
- 3 EL Öl
- etwas Milch
- Salz
- gefrorene Schwarzbeeren
- zerlassene Butter

Aus den Zutaten einen festen Nockerlteig bereiten, die gefrorenen Schwarzbeeren dazugeben und große Nockerl formen. In kochendem Salzwasser vorsichtig kochen, die Nockerl abseihen und mit zerlassener Butter übergießen. Mit Zucker und Zimt bestreuen.

Kirchenwirt

Elisabeth und Hans Hösele
8983 Bad Mitterndorf 242, Telefon 0 36 23/23 36-0
Küchenchef: Hans Hösele

Eine beliebte Urlaubsregion ist die Gegend um Bad Mitterndorf, schneesicher, wanderbar und traditionsreich und mit dem mächtigen Grimming als Kulisse. Hier findet man nicht nur eine der letzten Greißlereien der Steiermark, hier sind auch die Gasthäuser noch nach den im Dorf wichtigen Institutionen benannt.

Und deshalb gibt's mitten im Ort auch einen Kirchenwirt, ein Gasthaus, in dem man sich einfach wohl fühlen muss. Und das liegt sowohl am gemütlichen Ambiente als auch an den Schmankerln, die hier in der Küche gezaubert werden. Eines dieser Schmankerln ist ein ganz spezieller Kaiserschmarren.

Kaiserschmarren

15 dag glattes Mehl
1/4 l Milch, 3 Eier
1 Esslöffel Kristallzucker
etwas Vanillezucker
2 Esslöffel Rosinen
eine Prise Salz, 1 EL Butter

Mehl mit der Milch in einer Schüssel zu einem Teig glattrühren, das Eiklar von 3 Eiern steifschlagen und unter den Teig heben, die 3 Eidotter und den Zucker zugeben und ebenfalls verrühren. Die Masse in heißer Butter in einer Pfanne (zugedeckt!) 4 bis 5 Minuten backen, dann wenden und wieder zugedeckt fertigbacken. Den Schmarren mit 2 Gabeln zerreißen und mit Kompott servieren.

Elke Erber
Rosenweg 6, 8530 Deutschlandsberg

Kipferlschmarren

8 Kipferl
3/16 l Milch
20 g Zucker
30 g Rosinen
80 g Butter
Vanille, Zimt

Kipferl blättrig schneiden, Milch, Eier, Zucker, Vanille und Zimt gut verrühren und über die Kipferl gießen. Masse in eine mit Butter ausgestrichene Form geben, mit Rosinen bestreuen und ca. 25 Minuten im Rohr langsam backen. Mit Kompott servieren.

Grete Grassegger
Alte Tauernstraße 5, 8784 Trieben

Erdäpfelschmarren

1 kg mehlige Erdäpfel
120 g Mehl
etwas Salz, Butter

Erdäpfel kochen, schälen, noch heiß durchpressen, Mehl und Salz untermischen, Masse in heißer Butter bei mittlerer Hitze goldbraun braten. Mit Apfelmus servieren.

TIPP DES HAUSES

Den Kaiserschmarren unbedingt zugedeckt und ganz langsam backen!

Andreas Moser
Ringweg 1, 8720 Pausendorf

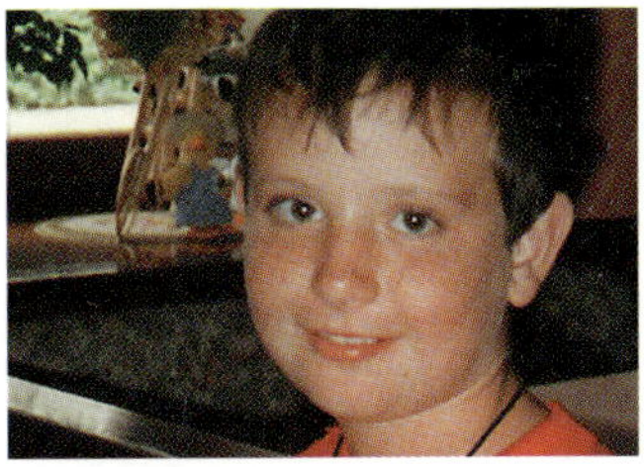

Reisschmarren

15 dag Reis
1 l Milch
1 Ei,
2 Dotter
2 Äpfel, würfelig geschnitten
5 dag Rosinen
Zucker, etwas Fett

Reis in Milch weichkochen, auskühlen lassen, Ei mit den 2 Dottern absprudeln, Rosinen, Äpfel und Zucker zugeben, mit Reis abbrühren, in heißem Fett wie einen Schmarren herausbacken.

Postgasthof Thaller

Alois und Christine Thaller, 8184 Anger
Hauptplatz 10, Telefon 0 31 75/22 06-0
Küchenchefin: Martina Feichtinger

Als „steirisches Bauerngartl" wird die reizvolle Region rund um Anger gerne bezeichnet, in der der Tisch verschwenderisch reich mit heimischen Produkten und Spezialitäten gedeckt ist. Der malerische Ort Anger ist seit 1364 ein Markt und als 1833 eine k. k. Poststation eingerichtet wurde, wurde seine Bedeutung unterstrichen. Heute ist in dieser ehemaligen Poststation ein Seminarhotel, ein Gasthof und eine Konditorei untergebracht. Eine hauseigene Mühle mit einem romantischen Fischteich und die regionalen Schmankerln der Speisekarte locken viele Gäste in den Postgasthof. Ganz in dieser kulinarischen Tradition findet man auch etliche Spezialitäten aus Heidenmehl.

Pilzschmarren mit Heidenmehl

40–60 dag Heidenmehl
40 dag Schwammerln
12 Eier, 3/8 l Milch
10 dag Zwiebel
Fett, Salz, Pfeffer
Knoblauch, Kräuter

Eidotter mit Milch und Heidenmehl zu einem glatten Teig verrühren, den steif geschlagenen Eischnee vorsichtig unterheben. Die klein geschnittenen Schwammerln mit Zwiebel und Knoblauch in einer Pfanne anschwitzen, den Schmarrenteig vorsichtig darübergeben, mit einer Spachtel glattstreichen. Im Rohr bei ca. 180 Grad 10–12 Minuten überbacken, dann mit einer Gabel zerreissen und mit Schnittlauch bestreut servieren.

Sieglinde Stangl
Mitterberg 83, 8962 Gröbming

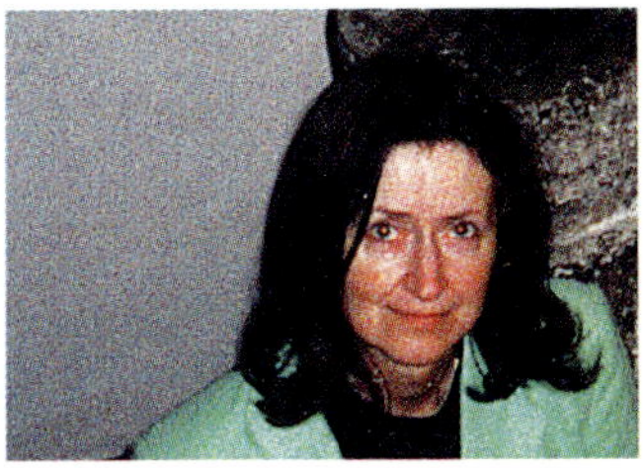

Heidenroulade

- 4 Eier
- 18 dag Honig
- 4 EL heißes Wasser
- 10 dag Heidenmehl
- 6 dag geriebene Haselnüsse
- 1 Msp. Backpulver
- Marmelade zum Füllen
- geschlagenes Obers zum Verzieren

Dotter mit Honig und heißem Wasser gut schaumig rühren, die Nüsse, das mit Backpulver gut vermischte Mehl und den steif geschlagenen Schnee leicht untermengen. Backblech mit einem befetteten Backpapier auslegen, die Biskuitmasse aufstreichen und bei ca. 210 Grad ca. 10–12 Minuten backen. Mit Marmelade bestreichen und einrollen. Erkaltet mit Schlagobers verzieren.

Margarethe Guggi
Dörfla, 8543 St. Martin/Sulmtal

Heidennockerl

- 1/8 l Wasser
- 5 dag Butter
- Kräutersalz
- 12 dag Heidenmehl
- 2 Eier
- fertige Gemüsebrühe

Wasser, Butter und Salz aufkochen, Heidenmehl einrühren und so lange kochen, bis sich der Teig verbindet und vom Topfrand löst. Wenn der Teig ausgekühlt ist, die versprudelten Eier nach und nach einrühren, mit einem Löffel kleine Nockerln formen und in die Suppe einkochen.

Ingrid Hetzl, Hans-Jäger-Straße 220, 8591 Maria Lankowitz

Heidenauflauf

- 7 dag Heidenmehl
- 7 dag Zucker
- 2 dag Fett
- 1 dag Brösel
- 3 Eier
- etwas Zitronensaft und -schale

ZITRONENGUSS:

- 8 dag Zucker
- 2 Zitronen

Eidotter und Zucker schaumig rühren, Heidenmehl, etwas Zitronensaft und Zitronenschale sowie den steifen Schnee untermengen. Schnell in die gut ausgefettete und bebröselte Form geben, bei guter Hitze 20–25 Minuten backen. Inzwischen Zucker und Zitronensaft mit einem halben Liter Wasser aufkochen. Man kann statt des Zitronensaftes auch Süßmost verwenden.
Den Auflauf stürzen, heißen Zitronenguss darübergeben und sofort servieren.

Gasthaus Tscheppe

Katharina Tscheppe, 8461 Sulztal
an der Weinstraße 18, Telefon 0 34 53/75 75
Küchenchef: Heinz Futschek

Das steirische Weinland ist ein wahrlich gesegneter Landstrich. Die Weinhänge an der südsteirischen Weinstraße bieten zu jeder Jahreszeit ihren besonderen Reiz und laden sowohl Genießer als auch Wanderer ein. Und wer wandert, will auch rasten. Eine spezielle Rastmöglichkeit bietet der Gasthof Tscheppe in Sulztal, in dessen Weingarten man sogar picknicken kann. In Gesellschaft der beiden Hausschafe „Zweigelt" und „Riesling" gibt es Schmankerln aus Küche und Keller, wobei regionale Gerichte zum heimischen Wein die wichtigste Rolle spielen.

Sterz-pudding

1/4 l Milch
4 dag Polenta
10 dag Zucker
2 Blatt Gelatine
1 cl Rum
1 cl Cointreau
20 dag geschlagenes Obers

In die heiße Milch den Zucker einrühren, dann den Polenta zugeben und unter ständigem Rühren kurz köcheln lassen.
In die noch warme Masse Gelatine, Rum und Cointreau geben, verrühren und nach dem Auskühlen den steifen Schlag unterziehen. In kleine Formen füllen, 2 Stunden kaltstellen und dann servieren.

Maria Löscher
8524 Bad Gams 102

Heidenmehlstrauben

- 50 dag Heidenmehl
- 20 dag glattes Weizenmehl
- 2 Eier
- 1/4 l Sauerrahm, Salz

Heidenmehl mit kochendem Wasser langsam übergießen bis ein Knödel entsteht. Weizenmehl, Salz, Eier und Rahm untermengen und den Teig gut kneten. 1 Stunde an einem warmen Ort rasten lassen. Kleinfingerdick ausrollen, schiefe Vierecke ausradeln und in heißem Fett backen. Mit Staubzucker und Zimt bestreuen.

TIPP DES HAUSES

Etwas Alkohol (beispielsweise Rum) verfeinert den Geschmack des Sterzpuddings.

Klara Truchsess
St. Peter Hauptstraße 211, 8042 Graz

Heidentorte

- 6 Dotter
- 14 dag Staubzucker
- 1 P. Vanillezucker
- 7 dag Heidenmehl
- 1 Msp. Backpulver
- 5 dag geriebene Schokolade
- Schnee von 6 Eiklar
- Schlagobers

Dotter mit Staubzucker und Vanillezucker schaumig rühren. Heidenmehl, Backpulver und Schokolade dazugeben und Eischnee unterheben.
Im vorgeheizten Backrohr bei 180 Grad ca. 3/4 Stunde backen. Ausgekühlt oder besser erst am nächsten Tag mit Schlag füllen.

Ines Högenwarth
Jakominigürtel 4, 8010 Graz

Erdäpfelsterz mit Maisgrieß

- 1,5 kg mehlige Erdäpfel, feinblättrig geschnitten
- 12 dag Maisgrieß
- 10 dag Schmalz
- 1/4 l Milch, etwas Salz

In einer Pfanne Schmalz erhitzen, den Maisgrieß darin ein wenig anrösten und mit der Milch ablöschen, salzen. Sieht der Maisgrieß durch Aufkochen wie feiner Grießschmarren aus, fügt man gekochte, geschälte und feinblättrig geschnittene Erdäpfel dazu. Anschließend gut durchrösten. Man reicht entweder saure Suppe, Rahm- oder Schwammerlsuppe dazu.

Loserhütte

Helmut König, Loserhütte Altaussee, Fischerndorf 81
8992 Altaussee, Telefon 0 36 22/71 202
Küchenchef: Helmut König

In fast eintausend Metern Seehöhe genießt man vom Loserplateau einen fantastische Panoramablick aufs Ausseerland. Was die Besucher natürlich zu schätzen wissen. Aber sie wissen auch noch was anderes zu schätzen. Wer nämlich diese Höhe erklimmt, sei es zu Fuß oder mit dem Auto und vom Wandern oder von der Höhenluft hungrig geworden ist, der wird in der Loserhütte kulinarisch gestärkt.

TIPP DES HAUSES

Verwendet man eine Käsemischung aus verschiedenen Hartkäsen, unterstreicht man den Geschmack der Nockerln besonders.

Nockerln

ZUTATEN FÜR 1 PERSON
1 Ei
25 dag Mehl
etwas Wasser und Öl
Salz, Pfeffer
Muskatnuss
10 dag Käse
5 dag Zwiebel
etwas Butter
Salz, Pfeffer

Aus Ei, Mehl, Wasser, Öl sowie Muskatnuss einen Nockerlteig anrühren, den Teig mit einem Löffel ins kochende Wasser tropfen lassen.
Kurz aufkochen lassen und abseihen. Zwiebel in Butter goldbraun rösten, Nockerln dazugeben, mit Käse überstreuen und knusprig braun herausbacken.

Margarete Reiter
Döllach 60, 8940 Liezen

Dinkelnockerln

- 25 dag Dinkelmehl
- 1/4 TL Salz
- 3 Eier
- ca. 2 EL Sonnenblumenöl
- etwas Wasser
- frische Kräuter
- etwas Butter

Mehl, Salz, Eier, Öl, Kräuter und Wasser zu einem glatten Teig verrühren. Den Teig in kochendes Salzwasser schaben und köcheln lassen, bis die Nockerln oben schwimmen.
In ein Sieb schütten, kurz mit kaltem Wasser abschrecken und gut abtopfen lassen.
Etwas Butter erhitzen, die Nockerln darin schwenken und mit Salat oder Gemüse servieren.

Margarete Lewandofksy
Gallhof 94, 8990 Bad Aussee

Topfennockerln

- 60 dag Magertopfen
- 10 EL glattes Mehl
- 2 ganze Eier
- 1 P. Vanillezucker
- 1 Prise Salz
- einige Spritzer Süßstoff

Butterbrösel:

- 12 EL Brösel
- 4 TL Butter oder Margarine

Alle Zutaten abmengen und anschließend mit einem Suppenlöffel 16 Nockerln in kochendes, leicht gesalzenes Wasser einlegen. Bei mittlerer Hitze ca. 10 Minuten kochen bzw. ziehen lassen. Auf gewärmten Tellern anrichten und mit Butterbröseln bestreuen.
Dazu schmeckt wunderbar eine lauwarme Erdbeersauce: 20 dag Erdbeeren pürieren und mit einigen Spritzern Süßstoff verfeinern.

Annemarie Zah,8102 Semriach 122

Apfelnockerln

- 40 dag Mehl, 1–2 Eier
- ca. 3/8 l Milch, Salz, 4 dag Fett
- ca. 50 dag Äpfel, 5 dag Butter
- etwas Lebkuchengewürz
- Zucker nach Belieben

Fett mit den Eiern flaumig rühren, dann kommen abwechselnd Mehl und Milch und etwas Salz dazu. Teig gut abschlagen – er muss schwer reißend vom Kochlöffel oder den Rührhaken fallen. Wenn er zu weich ist, etwas Mehl, wenn er zu hart ist, etwas Milch oder Wasser beifügen. Eine halbe Stunde rasten lassen. Salzwasser mit etwas Öl versetzen und zum Sieden bringen. Die Nockerln ganz klein mit einem in heißes Wasser getauchten Esslöffel abstechen und einkochen. Die Nockerln sind fertig, wenn sie an der Wasseroberfläche schwimmen. Herausnehmen und in einem Sieb sehr gut abtropfen lassen. Äpfel schälen, vierteln, das Kerngehäuse entfernen und feinblättrig schneiden. In der Butter weichdünsten, etwas Lebkuchengewürz und Zucker beifügen und leicht karamelisieren. Nockerln dazugeben und alles gut vermischen. Bach Belieben mit Zimt und Zucker bestreuen. Wenn man die Nockerln durch ein Spätzlesieb drückt, eignen sie sich sehr gut für Walderdbeer- oder Heidelbeernockerln. Die Beeren werden dann ganz frisch mit den Nockerln vermischt, sie sollen nicht zerdrückt werden.

Schilcher

Bier

Kernöl

Steirisch g'schmackig

Traditionelles und Spezielles

Schafkäse
Soufflé
Eintopf

Steirische
Spezialitäten
Grenadier-
marsch
Strudel

Schloss Obermaierhofen

Brigitte Kottulinsky, Neustift 1, 8271 Sebersdorf
Tel. 03333/25 03-0
Küchenchef: Gerhard Mandl

Das Gartenschloss Obermaierhofen blickt auf eine fast 900-jährige Geschichte zurück. Seit über 200 Jahren im Besitz der Familie Kottulinsky, ist es heute ein impossantes Schlosshotel. Als Tagungs- und Seminarhotel bietet es alle Annehmlichkeiten für geschäftliche Meetings, zum Wochenende aber ist bietet das Schlosshotel den romantischen Rahmen für Hochzeiten, für den schönsten Tag des Lebens. Zwei schlosseigene Standesämter, eine eigene Kirche und 20 Zimmer, von denen fünf als Hochzeitssuiten verwendet werden, lassen keine Wünsche offen. Was aber wäre eine Hochzeit ohne festliches Hochzeitsmenü, eine Tagung ohne kulinarische Stärkungen. Das Schlossrestaurant legt Wert auf Frsiche und Qualität und serviert seinen Gästen köstliche Gerichte mit heimischen Produkten, wie zum Beispiel steirischen Schafkäse.

Schafkäse-knödel

FÜR 6 PERSONEN
25 dag Erdäpfel (mehlig)
12,5 dag Schafkäse
1–1 1/2 Eidotter
1 Jungzwiebel
etwas Knoblauch
Rosmarin, Majoran
Salz, Pfeffer, Muskatnuss

ZUM PANIEREN:
2 Eidotter
Weißbrotbrösel

Erdäpfel kochen, passieren, Schafkäse kleinwürfelig schneiden, Jungzwiebel in Olivenöl anbraten. Die Zutaten zu einer Masse verrühren. Gewürze beimengen, Knödel formen, in Eidotter und Weißbrotbrösel wälzen und in Butterschmalz herausbacken. Mit einer Paprikasauce servieren

Barbara Vogt
Prangelgasse 6, 8020 Graz

Schafkäse-parfait

25 dag frischer Schafkäse
1/8 l Obers
5 Blatt Gelatine
Salz, Pfeffer
Petersilie, Schnittlauch
gehackter Bärlauch
oder Knoblauch
Zucchinischeiben zum
Auskleiden der Form

Gelatine in Wasser auflösen, Obers steif schlagen, alle Zutaten dazumischen, Rehrückenform mit Klarsichtfolie auslegen, Zucchinischeiben einlegen, Masse einfüllen, nach dem Festwerden stürzen und aufschneiden.

Christa Ortner, Hollenegger-straße 3, 8530 Deutschlandsberg

Spinatstrudel mit Schafkäse und Oliven

2 Packerl Strudelteig
1,5 kg frischen Blattspinat
20 dag Schafkäse
20 schwarze Oliven (ohne Kern)
1 rote Zwiebel
3 Knoblauchzehen
7 dag Butter
1 EL Olivenöl

Spinatblätter in Salzwasser kurz aufkochen, mit kaltem Wasser kurz abschrecken. Zwiebel kleinwürfelig schneiden, Knoblauch hacken, Oliven und Schafkäse in Stücke schneiden, mit 1 EL Olivenöl beträufeln. Zwiebel und Knoblauch in einer Pfanne anschwitzen, Spinat zugeben, salzen, pfeffern, Oliven und Schafkäse locker dazumischen. Diese Masse auf ein Strudelblatt streichen, mit einem zweiten Strudelblatt bedecken und nochmals aufstreichen. Dann einrollen, mit Butter bestreichen, 15–20 Minuten im Rohr backen.

Irene Dörflinger
Mandellstraße 51, 8052 Graz

Schafkäse im Speckmantel mit Blattspinat

Schafkäse
Hamburgerspeck
Blattspinat
Butter
Muskat
Salz

Schafkäse in 2 cm breite Streifen schneiden, mit Speck umwickeln, in der Pfanne von allen Seiten knusprig braten. Spinat ins kochende Salzwasser geben, abseihen, kalt abschrecken, in Butter schwenken, mit Muskat und Salz würzen und zu den gebratenen Schafkäsestreifen reichen.

Hotel-Restaurant Schwaiger

Alfred und Silke Schwaiger
8982 Tauplitz 89, Tel. 0 36 88/22 36-0
Küchenchef: Alfred Schwaiger

Gegenüber dem mächtigen Grimming findet man auf exakt 900 Meter Seehöhe das Hotel-Restaurant Schwaiger in Tauplitz. Wer hierher kommt wird nicht nur von einer gewaltigen Naturkulisse beeindruckt, sondern auch mit bodenständigem Charme umsorgt. So kann man sich in diesem reizvollen Ambiente vor allem auch durch interessante kulinarische Kreationen verwöhnen lassen.

Überbackene Kirschen

50 dag entkernte Kirschen
1/2 l Weißwein,
10 dag Zucker
Vanillezucker, Stärkemehl
2 cl Kirsch, Zitrone
Zimt, Nelken, Salz

Vanillesauce:
1/2 l Milch
1 Vanilleschote
5 dag Zucker, Rum
4 Eidotter
Cremepulver oder Stärkemehl
4 Eiklar
5 dag Zucker

Die entkernten Kirschen mit Weißwein, Zucker, Vanillezucker, Stärkemehl, Kirsch, Zitrone, Zimt, Nelken und etwas Salz vermischen und daraus langsam köchelnd ein Kompott zubereiten. Das Eiklar zu steifem Schnee schlagen und den Zucker unterrühren. Das Kompott in eine feuerfeste Form geben und den Schnee darüberziehen, das Ganze etwa 10 Minuten im Rohr überbacken. Dazu reicht man Vanillesauce.

Edeltraud Raudaschl
Liftstraße 525, 8911 Admont

Marillensoufflé

20 dag Butter
20 dag Zucker
20 dag Mehl
1/2 P. Backpulver
18 dag Kristallzucker
3 dag Kakao
4 Dotter
4 Eiklar
1 Ei
Marillen

Butter, Zucker, Dotter und das ganze Ei verrühren. Mehl, Backpulver und Kakao untermischen. Teig auf ein befettetes und bemehltes Backblech dünn aufstreichen und mit halbierten Marillen belegen. Im Rohr bei mittlerer Hitze ca. 20 Minuten backen. Aus den Eiklar und dem Kristallzucker einen steifen Schnee schlagen und auf den Kuchen streichen und im noch warmen Rohr trocknen lassen.

Ilse Kratzer
Am Hausberg 31, 8101 Gratkorn

Sauerrahmsoufflé mit eingelegten Preiselbeeren

20 dag Sauerrahm
3 Eidotter
1 EL Zucker
1 EL Mehl
1 cl Grand Marnier
1/2 TL Vanillezucker
3 Eiklar
1 EL Zucker
1 kl. Glas Preiselbeeren
geriebene Zitronenschale

Sauerrahm mit Dotter, Zucker, Mehl, Grand Marnier, Zitronenschale und Vanillezucker gut verrühren.
Die Eiklar steif schlagen und am Schluss langsam den Zucker einschlagen. Förmchen buttern, mit Zucker ausstreuen und einen EL Preiselbeeren hineingeben. Masse einfüllen und bei 220 Grad ca. 12 Minuten im Wasserbad backen. Stürzen, mit Zucker bestreuen und zusätzlich mit Preiselbeeren servieren.

Johanna Bauer
Altenmarkterstraße 48, 8551 Wies

Maronisoufflé

50 dag gebratene Maroni oder
2 P. Tiefkühl-Maronireis
1/2 l Milch
8 dag Butter
5 Eier
8 dag Zucker
1 EL Maraschino

Die Maroni schälen und mit Milch so lange kochen, bis sie zerfallen. Dann passieren oder fein mixen. Maronimus mit Dotter, Butter und Zucker schaumig rühren, Maraschino und steifen Schnee unterheben. Auflaufform befetten und bemehlen, Masse einfüllen und im vorgeheizten Backrohr bei Mittelhitze ca. 25 Minuten backen. Man kann dazu Vanillesauce oder Weinchaudeau servieren.

Hotel Erzherzog Johann

Hotel Erzherzog Johann, 8990 Bad Aussee, Kurhausplatz 62, Tel. 03622/525 07-0
Küchenchef: Walter Mayer

Die Ursprünglichkeit und Schönheit der Natur mit den glasklaren Seen und den impossanten Bergen und das lebendige Brauchtum, die gelebte Tradition, haben das steirische Salzkammergut berühmt und zu einem Anziehungspunkt für Erholungssuchende gemacht. Berühmt ist aber auch das Hotel „Erzherzog Johann“ in Bad Aussee, das wie fast alles im Ausseerland, einer jahrhundertealten Tradition verpflichtet ist.

Gemüseeintopf mit Blüten

1411 wurde das Stammhaus errichtet, seit 1847 wird das Haus nach dem steirischen Prinzen „Erzherzog Johann“ genannt. Seit zwanzig Jahren ist es ein Gesundheitshotel, das sehr eng mit dem Ausseer Vitalbad zusammenarbeitet und ganz spezielle Gesundheitsprogramme anbietet. Deshalb wird natürlich auch großer Wert auf die Ernährung gelegt, wobei der Küchenchef immer wieder beweist, wie kreativ und köstlich auch eine gesunde Küche sein kann.

5 dag grüner Spargel
5 dag Erdäpfeln
3 dag Zucchini oder Kürbis
3 dag Jungzwiebel
3 dag Eierschwammerln
1 TL frische Kräuter
2 TL gehackte oder frische, feingeschnittene Blüten
2 TL Butter
1/16 l Rindsuppe
1/16 l Rahm
Salz, Pfeffer

Butter in der Pfanne zerlassen, Eierschwammerln, Gemüse und Erdäpfel anrösten, mit Suppe aufgießen und mit Rahm einkochen, mit Salz und Pfeffer abschmecken. Entweder als Hauptgericht oder als Beilage z. B. für ein gebratenes Saiblingsfilet.

TIPP DES HAUSES: Zusätzlich zu den getrockneten Blüten kann man noch frische dazugeben – das hebt den Geschmack des Gerichtes.

Peter Moser
Ringweg 1, 8724 Spielberg

Mexikanischer Eintopf

- 1/2 kg Rindfleisch
- 1 kl. Dose Tomatenmark
- 1 l Wasser
- 2 Knoblauchzehen
- 1 Suppenwürfel
- 1 roter und grüner Paprika
- 10 dag Karotten
- 2 Stück Pfefferoni vom Glas
- 1 Stange Lauch
- Salz, Pfeffer
- Paprika
- 10 dag Reis
- 1 Dose Maiskörner

Fleisch in Würfel schneiden und anrösten, Tomatenmark beigeben und kurz mitbraten, Knoblauch zerdrücken und dazugeben, mit Wasser aufgießen und den Suppenwürfel einbröseln. Nun ca. 45 Minuten zugedeckt köcheln lassen. Paprika und Pfefferoni in Streifen und Karotten und Lauch in Scheiben schneiden und mit dem Reis in die Suppe geben. 20 Minuten kochen lassen. Zuletzt die abgetropften Maiskörner unterrühren und mit Salz, Pfeffer und Paprika würzen.

Anna Weinzettl
Hohenbrugg 21, 8271 Bad Waltersdorf

Italienischer Gemüsetopf

- 1 Zwiebel
- 3 Paprika
- 50 dag Tomaten
- 3–4 kleine Zucchini
- 1 Gurke
- Knoblauch
- Oregano
- Basilikum
- Salz, Pfeffer
- 30 dag Emmentaler
- Olivenöl

Zwiebel in Öl anbraten, Paprika grob würfeln und mitbraten. Tomaten schälen und grob würfeln. Zucchini in Scheiben schneiden. Gurken in Scheiben schneiden. Alle Zutaten und Gewürze vermengen und dünsten. Das gegarte Gemüse in eine Pfanne geben, mit geriebenem Käse bestreuen und im Rohr kurz überbacken. Mit Weißbrot servieren.

Waltraud Haim
Gallhofstraße 56, 8990 Bad Aussee

Deftiger Erdäpfeleintopf

- 10 dag kleinwürfelig geschnittener Speck
- 1/2 Stange Lauch
- 3–4 Jungzwiebeln
- 1 Knoblauchzehe, kleingehackt
- Butter
- Paprika, edelsüß
- Salz, Pfeffer
- Rind- oder Würfelsuppe
- 5–6 Erdäpfel
- 1 Hand voll Herrenpilze, getrocknet
- etwas Mehl
- Sauerrahm
- Petersilie

Speck, Lauch, Jungzwiebeln und Knoblauch in Butter anrösten, mit Paprika, Salz und Pfeffer würzen und mit Rind- oder Würfelsuppe aufgießen. Die großwürfelig geschnittenen Erdäpfeln und die Herrenpilze dazugeben und so lange köcheln, bis die Erdäpfel noch einen leichten Biss haben. Zum Schluss mit Mehl ein wenig eindicken und mit reichlich Sauerrahm verfeinern. Mit frischer Petersilie bestreuen. Entweder mit Butterspätzle oder Gebäck servieren.

Klöcherhof

Herbert und Heidi Domittner, 8493 Klöch 2
Telefon 0 34 75/22 06
Küchenchef: Bastian Baldauf

Klöch wird gerne die Perle des südoststeirischen Weinlandes genannt, liegt es doch recht idyllisch zwischen den sanften Hügeln der Südoststeiermark. Vulkanische Erde und ein fast mediterranes Klima lassen edle Trauben reifen, die zu erlesenen Weinen verarbeitet werden. Einst kamen die Gäste nach Klöch, um in der Kuranstalt zu kneippen, denn zur Zeit der Monarchie führte Klöch die Bezeichnung „Bad" in seinem Namen, heute kommen sie wegen der hervorragenden Weine und der kulinarischen Köstlichkeiten.
Seit 100 Jahren betreibt die Familie Domittner den „Klöcherhof" mit seinem lauschigen Gastgarten, und da auf Tradition großer Wert gelegt wird, gibt es natürlich eine Vielzahl von steirischen Schmankerln.

Klachlsuppe

4 Schweinshaxeln
20 dag Karotten
3 Knoblauchzehen
4 Lorbeerblätter
Pfefferkörner
Essig
Weißwein
etwas Mehl oder Maizena
Salz und Pfeffer

Wasser zum Kochen bringen, Pfefferkörner und Lorbeerblatt sowie die Schweinshaxeln (klein gehackt) und den gepressten Knoblauch ins Wasser geben, ca. 3/4 Stunde kochen lassen, die Karotten zugeben, mit Salz, Essig und Weißwein abschmecken und mit Mehl oder Maizena noch etwas eindicken. Mit Heidensterz servieren.

TIPP DES HAUSES:
Die Klachlsuppe wird mit Wein verfeinert!

Waltraud Schlager, Nikolaus-Lenau-Straße 1 a, 8700 Leoben

Steirisches Salonbeuscherl

80 dag Schweinslunge
und Schweinsherz
Suppengewürz
1 Zwiebel, 1 Lorbeerblatt
Pfefferkörner
Thymian, Salz
6 dag Butter
6 dag Mehl
eine Prise Zucker
2 Essiggurkerl
1 TL Kapern
1 Sardellenfilet
1 kl. Zwiebel
1 Knoblauchzehe
1 EL Petersilie, gehackt
1 TL Weinessig
1 EL Senf
Saft einer halben Zitrone
Majoran
1 EL Obers

Lunge und Herz mit dem Suppengrün, der Zwiebel und den Gewürzen in ca. 2 Liter Wasser kalt zustellen und weichkochen. Herausnehmen und im kalten Salzwasser auskühlen lassen. Butter, Mehl und Zucker goldbraun rösten. Gurkerl, Kapern, Sardellenfilet, Zwiebel, Petersilie und Knoblauchzehe klein hacken, mitrösten und mit etwas Essig ablöschen. Mit dem Beuschelsud aufgießen, Sauce eine halbe Stunde verkochen lassen, dann das Beuschl dazugeben. Nochmals aufkochen lassen, mit Senf, Zitronensaft und Majoran abschmecken. Mit Obers verfeinern. Wenn vorhanden, etwas Gulaschsaft darübergeben.

Christine Nistelberger
Breiteggerstraße 52, 8181 St. Ruprecht

Milchsuppe mit geschabten Erdäpfeln

Wasser
Kümmel
Salz
Milch
Mehl
Sauerrahm
große Erdäpfel
Schmalz

Wasser mit Salz und reichlich Kümmel so lange kochen, bis die Suppe Farbe vom Kümmel annimmt. Kalte Milch mit Mehl verquirlen und damit die Suppe eindicken. Nun reichlich Sauerrahm darin verrühren und nicht mehr kochen lassen. Für die Zuspeise die Erdäpfel schälen und grob reiben.
In einer großen Pfanne Schmalz (oder Speiseöl) erhitzen, die Erdäpfel hineingeben, die Hitze reduzieren. Die Erdäpfel salzen und so lange rösten, bis sie eine schöne Kruste haben, dann umdrehen und fertigbraten. Man kann nach Geschmack auch pfeffern. Die Erdäpfel zu der Milchsuppe servieren.

Ingrid Joham
Aigen 84, 8943 Aigen i. E.

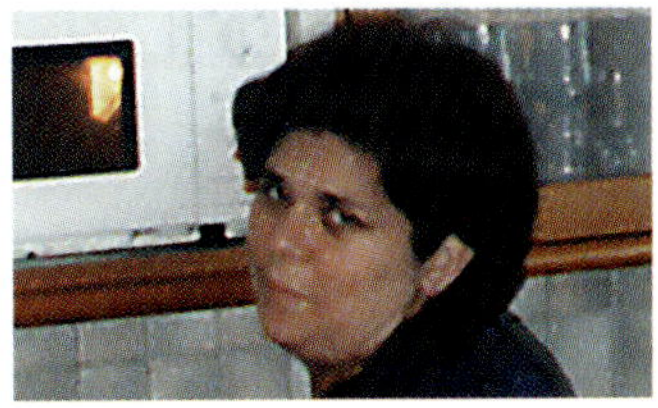

Schweinshaxerlsuppe

1,5 l Wasser
4 dag Mehl
4 dag Schweineschmalz
1 kg Schweinshaxerl
6 dag Karotten
6 dag Sellerie
6 dag Jungzwiebeln, Salz
4 dag Zwiebeln
2 Lorbeerblätter
1 Msp. Majoran
Wacholderbeeren
Pfefferkörner
Knoblauch, Pfeffer, Kümmel
etwas Essig, Kren

Schweinshaxerl vom Fleischhauer in gefrorenem Zustand in ca. 1 cm dicke Scheiben schneiden lassen und mit den Gewürzen weich kochen (ca. 1,5 Stunden). Danach mit Essig säuern und seihen. Eine helle Einbrenn aus Schweineschmalz und feinwürfelig geschnittenen Zwiebeln und Mehl zubereiten, mit der abgegossenen Suppe aufgießen und einen Teil von dem gelösten, fein geschnittenen Fleisch hineingeben. Die in Streifen geschnittenen Karotten, den Sellerie und die Jungzwiebeln mit einem Teil des abgegossenen Schweinsfonds kochen, bis es kernig ist.
Die fertig abgeschmeckte Klachlsuppe mit der Scheibe Schweinshaxerl, dem Gemüse und viel geriebenem frischen Kren und Schnittlauch anrichten. Man kann auch Salzerdäpfel oder Bauernbrot dazu servieren.

Römerhof

Irmgard Huß, Hotel-Restaurant Römerhof, 8430 Leibnitz, Marburgerstraße 1, Telefon 0 34 52/82 419
Küchenchef: Hugo Fuka

350 g Blätterteig ausgerollt oder Studelteig
1,2 kg mehlige Erdäpfel
80 g geröstete Speckwürfel
1 gehackte Zwiebel, hellbraun geröstet
1 Ei für die Erdäpfelmasse
1 Ei zum Bestreichen
Salz, Pfeffer
Muskatnuss, gerieben
gehackte Petersilie
Schnittlauch
etwas Butter
etwas Mehl für das Blech

Im Herbst entfaltet das steirische Weinland all seinen Charme und lockt mit ganz besonderen kulinarischen und auch originellen Ereignissen. So haben sich die Wirte rund um die Weinstadt Leibnitz etwas Spezielles ausgedacht und den kulinarischen Herbst ins Leben gerufen. Von Mitte September bis Mitte Oktober laden in insgesamt neun Gasthöfe in Kaindorf und Leibnitz freundliche Strohpuppen zum Einkehren.
Steirische Schmankerln wie Schwammerl-, Sterz- oder Kürbisgerichte und natürlich aus Köstlichkeiten aus dem Sulmtaler Hendl sind Fixpunkte der Speisekarten. Und wenn man schon bei der traditionellen Schmankerlküche ist, darf natürlich auch der Strudel nicht fehlen, wie das Restaurant Römerhof eindrucksvoll beweist.

TIPP DES HAUSES

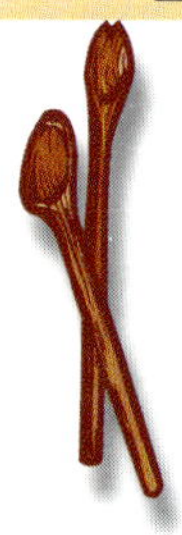

Den Teig nur zusammenschlagen und nicht rollen!

Erdäpfelstrudel

Erdäpfel schälen und kochen, noch im warmen Zustand mit der Erdäpfelpresse durchpressen. Speckwürfel und Zwiebel anrösten und zur Erdäpfelmasse geben.

Mit Salz, Pfeffer und Muskat würzen. Zum Schluss Ei, Petersilie und Schnittlauch hinzufügen. Diese Masse vorsichtig durchkneten. Blätterteig ausrollen, Erdäpfelmasse auftragen.

Ränder mit Ei bestreichen, einschlagen und auf ein befettetes und bemehltes Blech geben.
Ca. 40 Minuten bei 180 Grad im Rohr backen.

Sylvia Pieber
Stanglmühlstraße 9, 8041 Graz

Grießstrudel

TEIG:
25 dag Mehl
Salz
1/8 l Wasser
1 El Öl
1 Ei
FÜLLE:
1 Zwiebel, feingeschnitten
Speck
20 dag Grieß
1 Schöpfer Suppe oder Wasser
Salz
Milch oder Sauerrahm
geröstete Brösel

Die Zutaten zu einem Teig verrühren und so lange kneten, bis der Teig glatt ist. Ein Laibchen formen und $^1/_2$ Stunde zugedeckt rasten lassen. Dann ausrollen, mit Öl bestreichen und zu einem papierdünnen Rechteck ausziehen. Die feingeschnittene Zwiebel und den Speck anrösten, den Grieß dazugeben und mit Suppe oder Wasser aufgießen und salzen. Danach so viel Milch oder Sauerrahm zufügen, bis sich die Masse gut streichen lässt. Auf $^2/_3$ des Teiges füllen, einrollen und in 6 cm breite Stücke teilen. $^1/_4$ Stunde in Salzwasser kochen. In gerösteten Bröseln wenden.

Elfi Wichmann
Purbergstraße 48, 8044 Graz

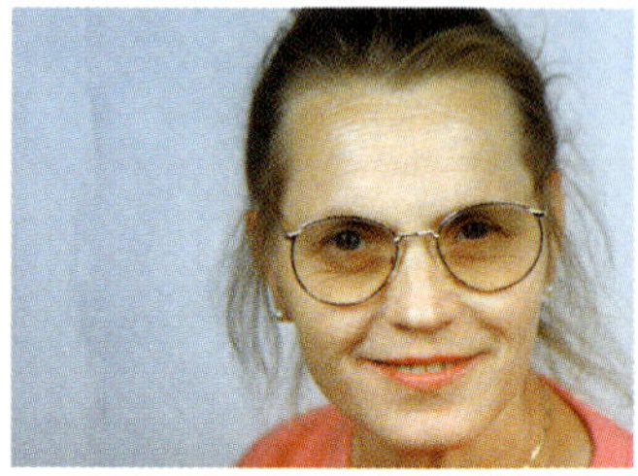

Milchrahmstrudel

6 Semmeln
3/8 Milch
5 dag Butter
4 Eier
12 dag Zucker
1 P. Vanillezucker
1/2 l süßer Rahm
2–3 EL Grieß
10 dag Rosinen

Semmeln entrinden, klein schneiden, etwa $^1/_8$ l heiße Milch darüber gießen und abkühlen lassen. Dann die zerlassene Butter und Dotter dazurühren, den steif geschlagenen Schnee, Zucker und Vanillezucker und abwechselnd süßen Rahm und Grieß vorsichtig einrühren. Strudelteig wie gewohnt ausziehen und mit der Fülle bestreichen. Rosinen darüber streuen und mit zerlassener Butter beträufeln.
Den Strudel locker aufrollen und etwa $^1/_2$ Stunde lang backen. Dann $^1/_4$ l heiße Milch darübergießen und den Strudel bei ausgeschaltetem Rohr noch 10 Minuten zugedeckt rasten lassen, bis die Milch aufgesogen ist.

Gabriele Rosenkranz
Wilhelm-Gösser-Gasse 29, 8047 Graz

Krautstrudel

20 dag Mehl
1/8 l lauwarmes Wasser
1 EL Öl
1 EL Essig
Salz
FÜLLE:
1 Zwiebel
10 dag Speck
1/2 kg Kraut
Paprika
Salz, Pfeffer
Kümmel
3 EL Paprikasalat
2 Essiggurken
(nudelig geschnitten)

Strudelteig bereiten, 1/2 Stunde rasten lassen (warm und zugedeckt). Kraut dünsten, etwas auskühlen lassen, die Zutaten vermengen und in den Strudel füllen. Etwa 1 Stunde bei 200 Grad backen.

Aus süßen und salzigen Wassern

Meeres-früchte

Fisch
Calamari
Saibling

Gasthof Lercher

Adolf Lercher, 8850 Murau, Schwarzenbergstraße 10
Telefon 03532/24 31
Küchenchef Thomas Guggenberger

Oberhalb von Murau liegt das geschichtsträchtige Schloss des Fürsten Schwarzenberg. Aber nicht nur das Schloss hat Murauer Geschichte geschrieben, auch die Häuser der Altstadt könnten viel aus vergangenen Tagen erzählen. Das Haus, in dem der Gasthof Lercher untergebracht ist, war früher ein Teil der Murauer Stadtmauer. 1769 wurde dem Gehöft von Kaiserin Maria Theresia die Wirtshausgerechtsamkeit verliehen und seit damals gibt es hier ein Gasthaus. Dass bei einer so langen Wirtshaustradition besonderer Wert auf gutes Essen und Trinken gelegt wird, ist eigentlich kein Wunder. Berühmt ist dieser Gasthof allerdings vor allem für seine Fischspezialitäten. Karpfen, Forelle und Saibling aus fürstlich-schwarzenbergischen Gewässern dominieren die Speisekarte. Eine besondere Spezialität aber ist die Lercher Fischsuppe.

Fischsuppe

FÜR 6 PERSONEN:
40 dag Karpfenfilet
40 dag Forellenfilet
20 dag geräuchertes Forellenfilet
1,5 l Fischfond
Karotten, Zwiebel, Sellerie
Knoblauch
Austernpilze
Pilztascherln (Nudeltascherln gefüllt mit Pilzen)
Salz, Pfeffer
gemahlene Chilischoten

Gemüse und Pilze klein schneiden, im Fischfond dünsten. Filets in kleine Stücke schneiden, gemeinsam mit den Pilztascherln der Suppe beifügen und noch ca. 5 Minuten ziehen lassen. Dann servieren.

TIPP DES HAUSES: Wenn man Fischsuppe als Hauptspeise reichen will, dann sollte man Fischfilets verwenden, weil sie sättigender sind.

Waltraud Hirschberger
Volpesiedlung 1.1, 8160 Weiz

Fischbeize für alle heimischen Fische

- 1/2 l Wasser
- 6 TL Salz
- 1 kleine Zwiebel
- Karotten, Sellerie
- Petersilwurzel
- Pfefferkörner
- geriebener Pfeffer
- Saft von 2 Zitronen
- 8–10 gepresste
- Knoblauchzehen

Zwiebel, Karotten, Sellerie, Petersilwurzel und Pfefferkörner in Salzwasser 15 Minuten kochen lassen. Nach dem Auskühlen Zitronensaft und Knoblauchzehen und nochmals 3 TL Salz zugeben.
In diese Beize Fische 15 bis 24 Stunden einlegen (Kühlschrank), danach herausnehmen, abtrocknen, in Mehl wälzen und in Butter braten.

Luise Schnepfleitner
8962 Gröbming 486

Lachswürfel mit grünen Bandnudeln in Safransauce

- 30 dag Lachsfilet
- 1 TL Butter
- 1 Schalotte
- 2 Msp. Safran
- 1/8 l Weißwein
- 2 EL Crème fraîche
- etwas Zitronensaft
- Salz
- weißer Pfeffer
- 10 dag grüne Bandnudeln
- Öl
- Butter

Lachsfilets in 3 cm große Würfel schneiden, klein geschnittene Schalotten mit einer Messerspitze Safran zusammen mit den Lachswürfeln in heißer Butter anschwitzen, mit Weißwein aufgießen, 3–4 Minuten dünsten. Dann herausnehmen und warm stellen.
In den Saft Crème fraîche und Safran einrühren, mit Salz, weißem Pfeffer und Zitronensaft abschmecken. Mit grünen Bandnudeln servieren.

Brigitte Kapfenberger
Mühlgasse 7, 8152 Kindberg

Kulinarische Urlaubsphantasie

- 20 dag Seelachs
- 20 dag Meeresfrüchte
- 1/4 l Obers
- Salz, Pfeffer
- Zitronensaft
- etwas Mehl
- Olivenöl
- Suppenwürze

Seelachs in 3 cm große Stücke schneiden, mit Zitrone beträufeln, in Mehl wenden und in Olivenöl knusprig anbraten.
Den Bratenrückstand mit Obers aufgießen, einkochen lassen, mit Suppenwürfel und Pfeffer abschmecken. Meeresfrüchte hineingeben, ein wenig durchschwenken, den angebratenen Seelachs zugeben, mit Reis und Salat servieren.

Gasthof Fürnschuß

Gabriele Fürnschuß, 8082 Kirchbach 44
Telefon 0 31 16/22 22
Küchenchef: Josef Fürnschuß

Man kann sagen, dass Kirchbach in der Steiermark ein wahrhaft zentraler Ort ist, denn von Kirchbach nach Feldbach, Leibnitz oder Graz ist es jeweils ungefähr 25 Kilometer. Natürlich hat bei einem Ort mit so einem aussagekräftigen Namen auch die Kirche eine nicht unwesentliche Bedeutung, prägt sie doch das Ortsbild.

Frühlingsrollen mit Saiblingsfilets

2 Saiblingsfilets, 2 weiße Spargel, 2 grüne Spargel, 2 Bärlauchblätter, 2 Frühlingsrollenteigblätter, Salz und Pfeffer, Eiklar zum Bestreichen

Neben dem geistigen gibt es aber auch ein kulinarisches Zentrum, wie man im Landgasthaus Fürnschuß gleich bemerkt. Lamm und Fisch sind wichtige Grundlagen für so manche Spezialität des Hauses.

Saiblingsfilets waschen und in 2 gleich große Stücke schneiden, ebenso die Spargelstangen. Je 1 Frühlingsrollenteigblatt mit 1/2 Saiblingsfilet belegen, darauf ein Bärlauchblatt und die Spargelstücke legen, mit dem zweiten halben Saiblingsfilet bedecken. Den Teigrand mit Eiklar bestreichen und die Fülle mit dem Teigblatt einrollen. In heißem Öl schwimmend herausbacken, mit Salatgarnitur servieren.

Christine Doppelreiter
8685 Steinhaus

Saibling in Erdäpfelkruste

- 4 Saiblinge
- Saft von 1 Zitrone
- Salz, Pfeffer
- 4 cl Öl
- 40 dag Erdäpfel
- 2 Eiklar
- Salz, Pfeffer,
- Muskat, Thymian

Saiblinge filetieren, mit Salz und Pfeffer würzen, mit Zitronensaft beträufeln. Rohe Erdäpfel schälen, in feine Streifen schneiden, mit Salz, Pfeffer, Thymian und Muskatnuss würzen und Eiklar untermengen. Die Masse dünn auf die Filets streichen, im erhitzten Öl goldbraun braten.

Veronika Stubbenhausen, Schwarzer
Weg 96, 8141 Unterpremstätten

Saiblingsfilet mit Currysauce

- 2 Saiblingsfilets
- 1/2 Zwiebel
- 1/2 TL Curry
- etwas Obers
- Salz, Pfeffer, Butter, Mehl

Saiblingsfilets bemehlen und in Butter braten. Zwiebel rösten, mit Curry, Salz und Pfeffer würzen, mit Obers aufgießen, Filets mit Sauce servieren.

Pauline Holler
Eichfeld 105, 8480 Mureck

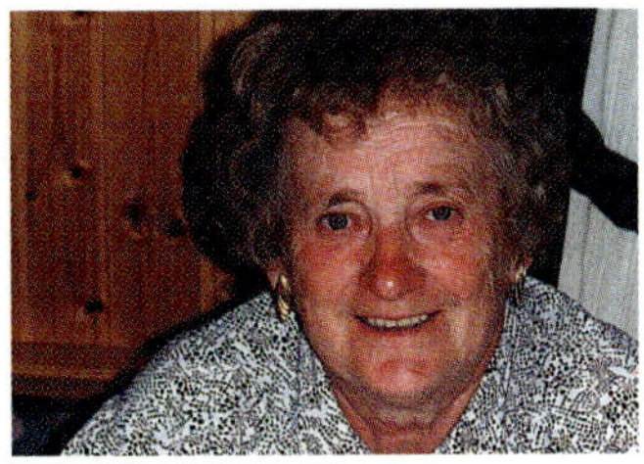

Saiblingsfilet mit Gemüse

- 4 Saiblingsfilets
- 2 Kohlrabi
- 2 Karotten
- 3 Tomaten
- Basilikum, Zitronensaft
- Butter
- etwas Mehl
- 2 dl Obers
- 1/16 l Weißwein
- Salz, Pfeffer, Öl

Gemüse in Salzwasser kurz aufkochen, mit Mehl stauben. Zuletzt gewürfelte Tomaten, Basilikum dazugeben, Saiblingsfilets mit Salz und Zitronensaft einreiben, in Butter braten, mit dem Gemüse servieren.

Zartes vom Federvieh

Pute
Hendl
Gansl

Pichlingerhof

Marianne und Heinz Reisinger, „Pichlingerhof"
8561 Söding, Packer Straße 18, Telefon 0 31 37/23 22-0
Küchenchef: Harald Amberger

Direkt an der Packer Bundesstraße durch Söding liegt der „Pichlingerhof", einer der markantesten Gasthöfe zwischen Graz und Köflach. In diesem gutbürgerlichen Gasthaus findet man noch eine Einrichtung, die selten geworden ist und die früher für viel Unterhaltung gesorgt hat: nämlich eine Kegelbahn. Der „Pichlingerhof" ist aber auch ein echter Hochzeitswirt. Bis zu 200 Personen etwa finden im Heinz-Georg-Saal an der festlich gedeckten Tafel Platz. Bei so einem festlichen Anlass darf die hausgemachte Torte genausowenig fehlen, wie das köstliche Hochzeitsschnitzel.

Pichlingerhof-Hochzeitsschnitzerl

4 Putenschnitzel, à 16–18 dag
4 Blatt Schinken
1/2 Paprika rot
10 dag Champignons

KRÄUTERTOPFEN:
12 dag Topfen
Petersilie und Schnittlauch, frisch gehackt
Salz, Pfeffer
Worcestersauce

PANIER:
Mehl
2 Eier
10 dag Mandeln, gehobelt
Semmelbrösel

Zutaten für den Kräutertopfen vermengen und glattrühren. Putenschnitzel zwischen Klarsichtfolie dünn klopfen, mit Schinken, Paprika, Champignons und Kräutertopfen füllen.

Gefülltes Putenschnitzel zusammenlegen, würzen, mit Salz und Pfeffer in Mehl, Ei und Mandelbrösel panieren. In heißem Fett bei ca. 160 Grad herausbacken, mit Frühlingsgemüse und heurigen Erdäpfeln servieren.

Christine Wiesenhofer
8265 Großsteinbach 58

Putenschnitzel „Grüne Mark“

4 Putenschnitzel
10 dag Blattspinat, blanchiert
Zwiebel, Knoblauch
Salz, Pfeffer
Muskatnuss
8 Scheiben Gouda
Butter zum Anbraten
etwas Rahm

Blattspinat in etwas Butter mit gehackter Zwiebel und einer Knoblauchzehe anschwitzen lassen, mit Salz, Pfeffer und Muskatnuss würzen. Putenschnitzel in Butter braten, mit dem gewaschenen Blattspinat ablegen, den Käse darauflegen und bei starker Oberhitze überbacken. Den Bratenrückstand mit etwas Suppe aufgießen und mit Rahm vollenden.

Herta Tauschmann
Wallstraße 16, 8280 Fürstelfeld

Faschierte Putenlaibchen mit warmer Schnittlauchsauce und Braterdäpfeln

30 dag Pute
1 Semmel
1 Ei
Brösel
Salz, Pfeffer
Majoran
SAUCE:
Butter
Milch
Salz
Schnittlauch
Mehl

Das faschierte Putenfleisch, die Semmel und das Ei gut vermengen. Salzen, pfeffern, Majoran sowie die Brösel untermengen, bis eine geschmeidige Masse entsteht. Laibchen formen und in Öl herausbacken.

SCHNITTLAUCHSAUCE: Butter anschwitzen, Mehl dazugeben und nicht zu braun werden lassen. Mit Milch aufgießen, bis eine sämige Masse entsteht. Salzen, danach viel Schnittlauch einrühren und sofort servieren.

Sabine Papst
Burggasse 3, 8741 Weißkirchen

Putenroulade mit Champignon-Kräuterfülle

60 dag Putenbrust
10 dag Champignons, feingehackt
10 dag Semmelwürfel
4–5 EL Milch
2 Eier
Butter
1 EL gehackte Kräuter
Salz, Pfeffer
Muskatnuss

Für die Fülle Milch und Eier versprudeln und mit Salz, Pfeffer und Muskat würzen. Semmelwürfel, Champignons und Kräuter in 1 EL Butter anschwitzen. Putenbrust der Länge nach zweimal einschneiden, so dass eine möglichst große Fläche entsteht. Fleisch salzen und pfeffern und mit der Fülle bestreichen, zu einer Roulade rollen und mit Spagat binden. Pute im vorgeheizten Rohr bei 160 Grad ca. 3/4 Stunde lang backen. Als Beilage kann Reis gereicht werden.

Fuchswirt

Josefa und Anton Jochum, 8510 Stainz, Greisdorf 4
Telefon 0 34 63/64 84
Küchenchef: Heinz Oswald

Die Region um das sehenswerte Schloss Stainz ist durch seinen speziellen Wein, dem Schilcher, einer steirischen Spezialität, bekannt. Fährt man die Schilcher-Weinstraße entlang, findet man nicht nur rustikale Kellerstöckl oder einladende Buschenschänken, man findet auch hervorragende Gasthöfe. Einer davon ist der Fuchswirt.
Seit 70 Jahren ist der Gasthof im Besitz der Familie Jochum und man ist stolz auf diese lange Tradition. Und so ist es selbstverständlich, dass es beim Fuchswirt nicht nur hervorragenden Wein gibt, sondern auch eine traditionelle, steirische Küche.

Backhendl

1 Hendl (frisch, nicht gekühlt)
Mehl
Ei
Brösel
etwas Milch
Salz
Öl zum Herausbacken

Das Hendl gut waschen – eventuell die Haut abziehen, salzen und in 8 Stücke zerteilen. Fürs Panieren zum Ei etwas Milch zugeben und gut aufschlagen, die Hendlstücke panieren und in heißem Öl bei 160 Grad ca. 15–18 Minuten goldbraun herausbacken.
Mit grünem Salat servieren.

TIPP DES HAUSES:
Nur Weißbrotbrösel verwenden, damit die Panier beim Backen nicht zu dunkel wird.

Maria Renner, Entschendorf 110
8321 St. Margarethen a. d. Raab

Hühnerschnitzel „Kiew“

- 2 große Hühnerbrüste
- Salz, Pfeffer
- Mehl
- Ei und Brösel zum Panieren
- Fett zum Backen

KRÄUTERBUTTER:

- 5 dag Butter
- 1 Eidotter
- Kräuter nach Wahl
- Pfeffer
- Zitronensaft
- Senf
- gehackte Petersilie

In die schaumig gerührte Butter alle Zutaten einmischen, eine 5 cm lange Rolle formen und einfrieren. Hühnerbrüste halbieren, eine Tasche schneiden, innen und außen mit Salz und Pfeffer bestreuen. Kräuterbutter der Länge nach vierteln, ein Stück Butter in die Tasche der Hühnerbrust stecken, dann mit Zahnstocher gut verschließen. Die Schnitzel panieren und in heißem Fett goldbraun backen.

Adolfine Christi
Gruisla 8, 8493 Klöch

Hähnchen mit Johannisbeergelee

- 2 Brathähnchen
- Salz
- 3 Zwiebeln
- Butter
- 3 EL Senf
- Semmelbrösel
- 3 EL Johannisbeergelee
- 4 EL Senf
- 1/8 l Weißwein
- 1/2 TL Paprikapulver

Hendl in Portionsstücke schneiden und salzen. Zwiebeln schälen, reiben und mit Senf verrühren. Hähnchenteile damit bestreichen und in Semmelbröseln wälzen. In den vorgeheizten Grill legen und von jeder Seite etwa 15 Minuten grillen. Zwischendurch mit flüssiger Butter bestreichen. Johannisbeergelee mit Senf, Weißwein und Paprikapulver verrÖlhren und extra zum Hähnchen servieren. Dazu reicht man körnig gekochten Reis und Salat.

Monika Bergler
Gschaid 79, 8190 Birkfeld

Kürbiskern-Backhendl

- 1 Hendl
- Mehl
- Ei
- Brösel
- grob gehackte Kürbiskerne
- Salz
- Öl zum Herausbacken

Das Hendl gut waschen, die Haut abziehen, in Stücke teilen und salzen. Zuerst die Hendlstücke in Mehl wenden, dann durch das verquirlte Ei ziehen, und zum Schluss in den mit Bröseln vermischten, grob gehackten Kürbiskernen eindrehen. In nicht zu heißem Öl etwa 20 Minuten herausbacken.

Erzherzog Johann

Dr. Reif-Breitwieser, 8010 Graz, Sackstraße 3–5
Telefon 0 316/81 16 16-0
Küchenchef: Kai Hasenwendt

Im Herzen der Altstadt von Graz liegt das traditionsreiche Hotel Erzherzog Johann. Bereits im 16. Jahrhundert war dieses Haus das größte Einkehrgasthaus innerhalb der Stadtmauern. In der Barockzeit wurde das Gebäude zu einem prächtigen Palais umgebaut, dessen Flair heute noch spürbar ist. Im barocken Wintergarten etwa ist das Restaurant, das Herzstück des Hotels, untergebracht. Die Küche des Hauses richtet sich natürlich ganz nach den frischen Angeboten der heimischen Produkte und da dürfen auch die saisonalen Spezialitäten nicht fehlen, wie etwa zu Martini ein knuspriger Ganslbraten. Küchenchef und Haubenkoch Kai Hasewendt verrät das Geheimnis eines besonders knusprig zubereiteten Ganslbratens.

Martinigansl

1 Gans, 2,5–3 kg
4 ungeschälte, ungewachste Organgen
1/4 l Rotwein, Majoran
Lorbeerblatt, Salz, Pfeffer

Gans mit Orangen füllen, mit Salz und Pfeffer würzen, ohne Öl in die Bratpfanne legen, Majoran und Lorbeerblatt zugeben, Rotwein vorsichtig eingießen (Gans soll nicht benetzt werden). Im Rohr bei 160 Grad 2,5 bis 3 Stunden braten, immer wieder mit Eiswasser bepinseln.

TIPP DES HAUSES:
Knusprige Haut bekommt die Gans dann, wenn man die Gans laufend mit dem Bratensaft beziehungsweise gegen Ende der Bratzeit mit Eiswasser übergießt.

Brigitte Scheer
Plüddemanngasse 38/3, 8010 Graz

Gans nach elsässischer Art

- 1 Gans, etwa 4 kg
- 4 große, saure Äpfel
- 70 dag rohe Bratwurstfülle
- 30 dag durchwachsener Speck
- 2 Zwiebeln
- 1 1/2 kg Sauerkraut
- 1/4 l Apfelsaft

Die Gans außen und innen mit Salz, Pfeffer und Majoran einreiben, mit den klein geschnittenen Äpfeln und der Bratwurstmasse füllen und zunähen. Keulen und Brust einstechen, damit das Fett gut auslaufen kann. Im Backrohr bei 200 bis 220 Grad eineinhalb Stunden braten, immer wieder mit Bratfett übergießen. Den Speck würfeln und knusprig braten, das Sauerkraut zusammen mit dem Speck in einem Bräter verteilen, die Gans darauf legen, mit Apfelsaft übergießen und etwas Gänsebratfett draufträufeln. Im Backrohr noch eine weitere Stunde braten.

Heidi Fauland
Schleifbachgasse 16, 8020 Graz

Pommersches Gansl

- 1 Gans, ca. 3 kg
- Salz, Majoran
- 3 Äpfel, geschält, geviertelt und entkernt
- 20 dag Dörrzwetschken
- 2 EL Zucker
- 1/2 TL Zimt
- 3 EL geriebenes Schwarzbrot
- 2 EL Weinbrand
- 2 EL Speisestärke
- 4 EL Schlagrahm
- 2 EL Apfelmus

Eie Gans mit Salz und gerebeltem Majoran einreiben, Füllung aus Äpfel, eingeweichten Dörrpflaumen, Zucker, Zimt und geriebenem Schwarzbrot zubereiten.
Die Gans damit füllen, mit Küchengarn zunähen. Ins vorgeheizte Backrohr (200 Grad) schieben, mit etwas heißem Wasser aufgießen,
die Gans während des Bratens bei 220 Grad unter den Flügeln und Keulen anstechen, damit das Fett besser ausbrät.
Kurz vor Beendigung der Garzeit (ca. 3 Stunden) die Gans mit kaltem Wasser bestreichen und die letzten 10 Minuten die Temperatur erhöhen, damit die Haut knusprig wird. Bratensatz mit Wasser aufkochen, abseihen, mit Speisestärke und 4 EL Schlagrahm anrühren, 2 EL Apfelmus unterheben und mit Weinbrand abschmecken.

Gabriele Gmoser
Unterlimbach 61, 8292 Neudau

Gespickte Gänseleber

- 1 Gänseleber
- 5 dag Champignons
- einige Speckscheiben
- 1 Bund Petersilie
- 1/4 l Sauerrahm
- Suppe

Gänseleber eine halbe Stunde in kalte Milch legen, dann der Länge nach mit dünnen Speckstreifen spicken, blättrig geschnittene Champignons andünsten, die Leber darauf legen und mit dünnen Speckscheiben bedecken. Petersilie beigeben, 10 Minuten dünsten lassen. Nach der Zugabe von Sauerrahm mit etwas Suppe aufgießen und noch 10 Minuten weichdünsten lassen. Mit Reis oder Makkaroni servieren.

Schloss-Stüberl

Franz und Gerlinde Eckhart, 8225 Pöllau, Schloss 1
Telefon 0 33 35/44 80
Küchenchef: Franz Eckhart

Im Zentrum des Naturparks Pöllauer Tal liegt die Marktgemeinde Pöllau. Dominanter Mittelpunkt des Ortes ist die imposante Stifts- und Pfarrkirche, die zu den größten Kirchen der Steiermark zählt und deren prominentes architektonisches Vorbild der Petersdom in Rom ist. Seit der Landesausstellung 1994 wird im ehemaligen Stiftsgebäude auch ein Restaurant betrieben, das sogar mit einer grünen Haube ausgezeichnet worden ist. Und daher gibt es neben dem geistlichen Zuspruch auch kulinarischen Trost.

1 mittelgroßes Hendl
Salz, Pfeffer
Paprika
etwas gehackte Kräuter (Rosmarin, Beifuss)
1 Apfelspalte
Butterwürfel

FÜLLE:
30 dag speckige Erdäpfel
10 dag Semmelwürfel
8 dag Kletzen (Dörrbirnen)
Petersilie, Majoran
Salz, Pfeffer aus der Mühle
Muskat
1/8 l Schlagobers
1 Ei
etwas Butter

TIPP DES HAUSES

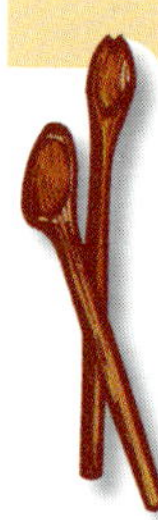

Die würfelig geschnittenen Kletzen über Nacht in Most einweichen, da dann die Fülle saftiger wird.

Gefülltes Hendl mit Kletzen-Erdäpfelfülle

Das Hendl sauber putzen. Die gehackten Kräuter, die Apfelspalte und den Butterwürfel in das Hendl geben, aus den Erdäpfeln, Semmelwürfeln, Kletzen, Petersilie, Majoran, Muskat, Schlagobers, Ei und Butter eine Masse bereiten und salzen und pfeffern. Diese Fülle in das Hendl geben und im heißen Rohr bei 140 Grad etwa 1 Stunde 20 Minuten braten. Zwischendurch immer wieder übergießen.

Maria Fink, Krottendorfer
Hauptstraße 25, 8160 Weiz

Steirisches Apfelhendl

- 1 küchenfertiges großes Hendl oder ein Poulard (1,4 kg)
- 20 dag Zwiebel
- Salz, Pfeffer aus der Mühle
- 4 EL Öl
- 4 EL Weinbrand
- 1/4 l Würfelsuppe
- 50 dag Champignons
- 2 dag Butter
- 50 dag Äpfel
- 1 Becher Crème fraîche
- 4 EL Petersilie, gehackt
- Krauspetersilie zum Garnieren

Hendl waschen, mit Küchenkrepp gut abtrocknen und in 8 Teile zerkleinern. Zwiebel schälen, achteln und diese in 3 cm große Stücke schneiden. Die Hendlteile salzen, pfeffern und in heißem Öl rundum anbraten. Zwiebel zum Hendl geben und etwa 3 Minuten mitrösten. Weinbrand sowie Bouillon dazugießen und das Hendl zugedeckt bei geringer Hitze etwa 20 Minuten dünsten. Champignons putzen, blättrig schneiden und in zerlassener Butter dünsten, bis die Flüssigkeit verdampft ist. Äpfel schälen, vierteln, entkernen, in Spalten schneiden. Apfelstücke zu den Champignons geben und etwa 3 Minuten unter ständigem Wenden mitbraten. Hendlstücke aus dem Saft nehmen, Äpfel und Champignons zum Saft geben und Crème fraîche unterrühren. Sauce etwa 2 Minuten kochen lassen und mit Salz und Pfeffer abschmecken. Petersilie untermengen, Hendlstücke in die Sauce einlegen und nochmals erhitzen. Mit Krauspetersilie garnieren.

Christina Steinköln
Rosenzeile 7, 8724 Spielberg

Hühnerbrüstchen in Nuss-Sauce

- 3–4 Hühnerbrustfilets
- 5 dag Butter
- Salz
- 1 TL Koriander
- 3 Zwiebeln
- 1/4 l Hühner- oder Rindsuppe
- 1/2 Becher Obers
- 10 dag Haselnüsse, gerieben
- etwas Ingwer
- 1/2 Zitrone
- 1 Bund Schnittlauch

Filets anbraten, mit Salz und Koriander würzen und warm stellen. Zwiebelringe im Bratenfett glasig dünsten. Suppe, Rahm und Nüsse dazugeben und aufkochen lassen.
Nun mit Koriander, Ingwer und Zitronensaft abschmecken. Schnittlauch in Sauce geben. Als Beilage hausgemachte Spätzle reichen.

Liselotte Muhr
Kasernstraße 80, 8041 Graz

Portugiesisches Huhn

- 1 Hendl, ca. 1 kg schwer, in Portionen geschnitten
- 20 dag magerer Hamburgerspeck
- 8 Schalotten
- 3 Paradeiser
- 1 EL scharfer Senf
- 2 Knoblauchzehen
- je 6 EL Rot- und Weißwein
- 6 EL Weinbrand
- 6 dag Butter

Die Paradeiser schälen, entkernen und hacken. Den Knoblauch schälen und zerdrücken, den Speck sehr klein würfeln. Paradeiser, Zwiebeln, Speck, Senf, Knoblauch und Wein in einen flachen Kochtopf geben. Die Hendlstücke mit Salz und Pfeffer würzen und auf die Mischung legen. Die Butter in kleine Flocken auf die Fleischstücke setzen. In das Backrohr schieben und bei 180 Grad ungefähr eine Stunde schmoren lassen. Wenn die Hendlstücke knusprig braun sind, mit dem Weinbrand beträufeln. Beim Servieren die Sauce über die Hendlstücke gießen.

Von saftigen Weiden und würzigen Almen

Rindfleisch
Steaks
Gulasch
Schweinsbraten
Schweinsfischerl
Lamm
Füllen für Fleischgerichte
Blutwurst
Gegrilltes
Faschiertes
Schnitzel
Rostbraten

Landhauskeller

Günter und Doris Huber, 8010 Graz, Schmiedgasse 9
Telefon 0 316/83 02 76-0
Küchenchef: Vinzenz Strommer

Das Landhaus ist wohl eines der markantesten Gebäude von Graz. Wo sich früher die Landstände zur Beratung trafen, tagt heute das steirische Parlament, der Landtag. Hier hat schon mancher versucht, sein eigenes Süppchen zu kochen, aber so gut wie im Landhauskeller bei Doris und Günter Huber ist es noch keinem gelungen. Die Speisekarte ist voll mit Angeboten aus allen Epochen der steirischen Kochkunst. Eine Hauptrolle spielt aber das Rind und hier sei besonders auf den Tafelspitz verwiesen, eine Spezialität des Landhauskellers.

Tafelspitz

1 Tafelspitz, ca. 2 kg
Salz, Pfefferkörner
Wacholderbeeren
Lorbeerblatt, Petersilie
1 Bund Karotten, 1 Zwiebel
1 Stück Sellerieknolle, Lauch

Wasser zum Kochen bringen, Gewürze zugeben, Fleisch ins kochende Wasser legen, drei Stunden bei mäßiger Hitze kochen, erst in der letzten halben Stunde das Wurzelgemüse zugeben.
Beilagen: Rösterdäpfel, Kürbisgemüse und Apfelkren.
TIPP DES HAUSES:
Rindfleisch immer in kochendes Wasser geben, damit die Poren sich rasch verschließen.

Dolores Sulzer
Admonter Straße 121, 8900 Selzthal

Bierfleisch à la Dolly

- 4 Rindschnitzel
- 1 größere Zwiebel
- Öl
- Salz
- Pfeffer
- Paprika
- Senf
- Zucker
- Mehl
- 1/4 l Rindsuppe
- 1 Flasche dunkles Bier

Rindschnitzel klopfen, am Rand einschneiden, salzen und pfeffern. Zwiebel in Öl anrösten, Fleisch auf beiden Seiten anbraten, aus der Pfanne nehmen. Zwiebel mit Paprika, Senf und etwas Zucker abschmecken, mit Mehl stauben, mit Rindsuppe und Bier aufgießen. Schnitzel in die Sauce geben und 1 Stunde fertig garen.

Cornelia Reicht-Pock, Raiffeisenstraße 20, 8071 Hausmannstätten

Rindslungenbraten Colbert

- 80 dag Lungenbraten
- 4 EL Öl
- 160 g Champignonfarce
- 6–8 Kohlblätter
- 1 Schweinsnetz
- Salz, Pfeffer
- 40 g Butter
- 2 dl Suppe

Lungenbraten salzen und pfeffern, von allen Seiten anbraten und aus der Pfanne nehmen. Bratensatz mit Suppe löschen, reduzieren, kalte Butterflocken einrühren.
Kohlblätter blanchieren, mit Salz und Pfeffer würzen, Schweinsnetz auf Folie legen, mit Kohlblättern bedecken, Sauce auf die Kohlblätter auftragen, Lungenbraten darin straff einrollen. Mit Spagat fixieren, im vorgeheizten Backrohr garen, öfter mit Bratensatz begießen.

Franz Grassl
Postfach 22, 8967 Haus i. E. 62

Bierbraten

- 1 kg Rindfleisch
- 1 EL Öl
- 1 Flasche helles Bier
- 1 Stange Lauch
- 2 Karotten
- 2 Paprika
- 2 Zwiebel
- 1/2 Sellerie
- 25 dag Champignons
- Mehl, Salz, Pfeffer

Das gesalzene und gepfefferte Rindfleisch in einer Bratpfanne von beiden Seiten anbraten, mit Bier bestreichen und eine halbe Stunde bei 200 Grad braten. Das geputzte und geschnittene Gemüse zum Braten geben und 1 Stunde garen lassen. Mit Bier immer wieder aufgießen. Die Sauce mit Mehl und Sauerrahm binden und pikant abschmecken.

Parkhotel

Dr. Peter Florian, 8010 Graz, Leonhardstraße 8
Telefon 0 316/36 30-0
Küchenchef: Kurt Mörth

Graz hat nicht umsonst den Beinamen „Gartenstadt“, denn die Stadt ist durchzogen von zahlreichen Grünoasen, wie zum Beispiel die Grünanlagen auf dem Schlossberg, der Stadtpark oder die vielen unzähligen Gärten und grünen Hinterhöfe. In der Nähe des Stadtparks befindet sich eines der führenden Grazer Hotels, das „Romantik-Parkhotel“. In diesem Haus können Gäste nicht nur hervorragend logieren, im Restaurant dieses Hauses werden sie vor allem auch kulinarisch verwöhnt. Tradition ist in einem Haus, das auf eine 426jährige Geschichte zurückblicken kann, verständlich, aber natürlich wird auch der internationalen Küche Rechnung getragen, und da darf das Steak in all seinen Variationen natürlich nicht fehlen.

Steak

Filets vom Rindslungenbraten
Öl, Salz, Pfeffer

Öl in einer Pfanne erhitzen, die Steaks im heißen Öl auf beiden Seiten scharf anbraten, anschließend unter häufigem Wenden fertigbraten. Druckprobe mit dem Finger, ob das Steak halb durch oder „well done“ gebraten ist. Steaks aus der Pfanne nehmen, in eine Alufolie wickeln und ca. 2 Minuten an einem warmen Ort nachziehen lassen. Dann erst servieren. Als Beilagen eignet sich Saisongemüse, Kroketten, Pfeffersauce etc.

TIPP DES HAUSES:
Die Festigkeit des Steaks erkennt man daran, dass man einfach beim Braten mit dem Finger darauf drückt; Wenn man etwas Widerstand spürt, ist das Fleisch „medium“ gebraten.

Ilse Stachel
Ander Ingering 5, 8724 Spielberg

Husarensteak

1 Rindersteak
1 Blatt Schinken
1 Gurkerl
2 EL Kapern
2 EL Obers
2 EL Cognac
Butter, Salz, Pfeffer, Senf,
Worcestersauce

Steak mit Gurkerl und Schinken belegen, mit Salz, Pfeffer würzen, mit Senf bestreichen, in heißem Fett herausbraten, dem Bratensatz Butter und Kapern beifügen, mit Worcestersauce und Cognac ablöschen, mit Obers zu einer sämigen Sauce einkochen.

Stefanie Ritz
Raabauer Straße 8, 8330 Feldbach

Hüftsteak mit Pfeffersauce

4 Hüftsteaks à 15 dag
1 kleine Zwiebel
2 EL grüne Pfefferkörner
Weinbrand
Bratensaft
Salz, Pfeffer,
Thymian
Öl, Butter

Steaks salzen, pfeffern, in Öl rasch anbraten und warm stellen. Im Bratenrückstand Zwiebel, Pfefferkörner anschwitzen, mit Weinbrand ablöschen, mit Bratensaft aufgießen, mit Salz, Pfeffer und Thymian würzen.

Maria Augschöll
Leistenweg 61, 8950 Stainach

Lungenbraten in Blätterteig

70 dag Lungenbraten
10 dag Butter
1 Zwiebel
15 dag Champignons
Blätterteig
Salz
Pfeffer
Petersilie

Lungenbraten salzen, pfeffern und in Butter kurz anbraten. Zwiebel, Petersilie und fein geschnittene Champignons rösten und auskühlen lassen, auf Blätterteig verteilen, Fleisch daraufgeben und den Teig einrollen. Mit Ei bestreichen, die Oberfläche mit einer Gabel einstechen, im Rohr eine dreiviertel Stunde backen.

Gasthof Zur Ennsbrücke

Klemens Pirafelner
8911 Hall bei Admont 300, Telefon 0 36 13/22 91
Küchenchef: Christoph Pirafelner

Der gewaltige Bergstock der Haller Mauern ragt imposant vor dem kleinen Ort Hall bei Admont in den Himmel. Salzvorkommen und -abbau bzw. der Transport des weißen Goldes nach Norden und Süden trugen zur Entstehung wichtiger Verkehrswege bei. Und an besonderen Knotenpunkten entstanden Rastplätze, Ortschaften, Gasthöfe, wie bei der Brücke über die Enns, wo die Brücke auch gleich als Namensgeberin für das Gasthaus fungiert. Das Gasthaus ist ein gemütlicher Treffpunkt, da darf weder der alte Wurlitzer noch das Schnapsen am Stammtisch fehlen. Bei den Gesäusewirten gibt's sogar eine eigene Schnapsmeisterschaft. Doch zur gepflegten Wirtshaustradition zählt wohl auch die weitverbreitete Wirtschaftsspeise, nämlich das Gulasch.

Rindsgulasch

1 kg Wadschinken vom Styria Beef, würfelig geschnitten
gleiche Menge geschnittene Zwiebeln, Schweineschmalz
1–2 Esslöffel Paprika
etwas Majoran, Thymian
Knoblauch, Salz und Pfeffer
eine Prise Zucker

Fleisch in heißem Schmalz anrösten, Zwiebeln dazugeben. Wenn die Zwiebeln angeröstet sind, Paprika unterrühren und die restlichen Gewürze beigeben. Mit Rindsuppe aufgießen, etwa 1 Stunde kochen lassen.

Annemarie Gschoßmann
Trofengbachgasse 32
8790 Eisenerz

Rehgulasch

- 75 dag Rehgulaschfleisch
- 5 dag Räucherspeck
- 2 Zwiebeln
- 1/2 Sellerieknolle
- 1/4 l Rindsuppe
- 45 dag Eierschwammerl
- 2 EL Obers
- 1 Apfel
- 1/4 l Weißwein
- etwas Zitronenschale
- 2 Birnen
- 4 TL Preiselbeerkompott

Speck würfeln, in einer Kasserolle auslassen, Rehfleisch zugeben und anbraten. Mit 2 Tassen heißem Wasser aufgießen und 30 Minuten dünsten lassen. Gehackte Zwiebel und zerkleinerten Sellerie zugeben, mit Rindsuppe nochmals aufgießen und weitere 50 Minuten dünsten. Gegen Schluss die Pilze zugeben, mit Obers, Salz und Pfeffer abschmecken.
Die geschälten, halbierten und entkernten Birnen mit Zitronenschale im Wein dünsten und mit Preiselbeerkompott zum Fleisch servieren.

Maria Kaltenbrunner
St. Christophorusweg 16
8750 Judenburg

Rindsgulasch

- 80 dag Wadschinken
- 80 dag Zwiebeln
- 3 Knoblauchzehen
- 2 EL Paprika
- Salz, Pfeffer
- Majoran
- Kümmel
- Schweineschmalz

Die geschnittenen Zwiebel in Schweineschmalz mit den Knoblauchzehen goldgelb anlaufen lassen. Das würfelig geschnittene Rindfleisch zugeben, eine Viertelstunde unter ständigem Rühren anrösten, die Gewürze beifügen und mit Wasser aufgießen. Bei geringer Hitze 2–3 Stunden weiterdünsten lassen.

Helga Taibinger
Trattenweg 10/II/12
8010 Graz

Rindsgulasch

- 75 dag Rindfleisch
- 75 dag Zwiebeln
- 1 TL Zucker
- 1/16 l Öl
- 1/16 l Hesperidenessig
- 4 EL Paprika edelsüß
- 2 kl. Kirschpaprika
- 1 EL Majoran
- 1 EL Kümmel
- Salz, Pfeffer
- 2 Knoblauchzehen
- Rindsuppe

Fein geschnittene Zwiebeln im heißen Öl mit Zucker bräunen, Topf vom Herd nehmen. Paprika dazurühren, mit Essig ablöschen. Topf wieder auf den Herd stellen, würfelig geschnittenes Fleisch anrösten, Kirschpaprika in wenig Wasser auskochen, das Wasser zum Gulasch geben. Majoran, Kümmel und gepressten Knoblauch unterrühren, mit Suppe aufgießen und auf kleiner Flamme dünsten lassen.

Gasthof Kalßwirt

Siegfried Gassner, 8990 Bad Aussee
Siaßreithstraße 58, Telefon 0 36 22/55 215
Küchenchef: Siegfried Gassner

Im Winter gehört das Eisschießen zu den beliebtesten Freizeitbeschäfzigungen im Ausseer Land. Jedes Wirtshaus hat seine eigene Eisbahn und an manchen Wochenenden kann man bei den sogenannten „Moarschaften" ein Vergleichsschießen zwischen zwei Wirtshauspassen erleben. Seit zehn Jahren gibt's den Vergleichskampf zwischen dem Höllwirt in Obertraun und dem Kalßwirt in Bad Aussee, acht Mal haben die Ausseer bereits verloren, im letzten Winter haben sie endlich wieder einmal gewonnen. Aber das Wichtigste bei so einem Vergleichskampf ist das Bratl, denn die Verlierermannschaft muss der Siegermannschaft einen ordentlichen Schweinsbraten zahlen. Und der Kalßwirt ist berühmt für sein köstliches Bratl.

Schweinsbraten

1–1,5 kg Schweinsbraten
(Karree mit Schwarte!)
1 kleine Zwiebel, Knoblauch
Salz, Pfeffer
etwas Schweineschmalz
Rindsuppe zum Aufgießen

Schwarte beim Karree einschneiden (kreuz und quer), das Fleisch mit Knoblauch, Zwiebel, Salz und Pfeffer auf beiden Seiten einreiben und 1 bis 2 Stunden rasten lassen. In einer Pfanne auf beiden Seiten gut anbraten, mit Rindsuppe aufgießen, im Rohr fertiggaren. (Bratzeit 1,5 bis 2 Stunden).

BEILAGEN:
Knödel, Kraut, Erdäpfel ...

TIPP DES HAUSES: Den Schweinsbraten eingerieben ca. eineinhalb Stunden rasten lassen, damit die Gewürze einziehen.

Grete Riedel
Gallhofstraße 94, 8990 Bad Aussee

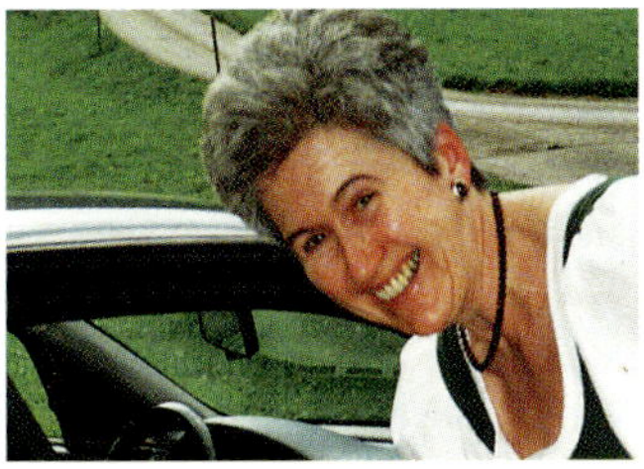

„Schnelles Ausseer Bratl"

1 kg Schweinsschlögl oder fetteres Schweinefleisch
10 kleine Zwiebeln
2 1/2 TL Knoblauchsalz = Knoblauch faschiert und mit Salz vermengt
2 TL leicht gehackten Kümmel
10 dag Schmalz
Salz, Pfeffer
1 Schuss Essig

Nudelig geschnittene Zwiebeln in Schmalz leicht anbräunen, groß gewürfeltes Fleisch mitbraten, Knoblauch und Kümmel dazugeben und mit warmem Wasser aufgießen. Fleisch soll bedeckt sein! Zugedeckt bei kleiner Hitze ca. eine $^3/_4$ Stunde weichdünsten. Nach Bedarf mit Wasser aufgießen. Saft erhält zuletzt eine schöne, braune Farbe und sämige Beschaffenheit. Zum Schluss mit Salz, Pfeffer und einem Schuss Essig pikant abschmecken. Dazu Erdäpfelknödel aus gekochten Erdäpfeln und warmen Speckkrautsalat servieren.

Renate Stadler, 8962 Gröbming 481

Gefüllter Schweinsbraten

1 kg mageres Bauchfleisch
Salz, Pfeffer
Senf
Kümmel
Majoran
Knoblauch
1 Suppenwürfel
1/4 l Wasser
FÜLLE:
4 Semmeln
1 EL Öl
3 Eier
ca. 1/4 l Milch
Salz
1 EL gehackte Petersilie

Schwarte kreuz und quer einschneiden, zum Füllen vorbereiten (einschneiden und untergreifen).
Den Schweinsbauch füllen und zunähen, dann rundherum salzen und mit den Gewürzen einreiben. In die Pfanne geben, mit Wasser aufgießen, Suppenwürfel dazu geben und gar braten. Öfters aufgießen (ca. 90 bis 100 Minuten bei 180 Grad).
Die Schwarte wird schön knusprig, wenn man sie zum Schluss mit etwas Honig oder Bier bepinselt.

FÜLLE:
Semmeln kleinwürfelig schneiden, Eier und Milch versprudeln und über die Masse gießen (etwas einziehen lassen). Salzen, Öl und Petersilie dazu geben und gut vermischen.

Jennifer Faßwald
Postgasse 9, 8073 Feldkirchen

Schweinsbraten am Spieß

1 kg Schweinskarree
4 EL Öl
1 Zwiebel
2 Knoblauchzehen
4 Lorbeerblätter
4 Nelken
4 EL Tomatenketchup
1 EL Zitronensaft
1/2 TL Salz

Die Zwiebel fein hacken, die Knoblauchzehen zerdrücken und beides in Öl anschwitzen lassen. Lorbeerblätter, Nelken, Tomatenketchup, Zitronensaft und Salz zufügen und zu einer Sauce verrühren. Das Schweinskarree trockentupfen, mit der Sauce bepinseln und für ca. 12 Stunden ziehen lassen. Das Fleisch auf einen Spieß stecken und bei ständigem Drehen ca. $1^1/_4$ Stunden grillen.

Enzianhof

Luis Farmer, 8563 Ligist, Oberwald 49
Telefon 0 31 43/21 06-0
Küchenchefin: Gabriele Hiden

Die Region Ligist–Reinischkogel ist ein wein- und waldreiches Gebiert, das zu ausgiebigen Spaziergängen genauso einlädt wie zu gemütlichen Gastrotouren, denn man findet hier zahlreiche hervorragende Gasthöfe. Einer davon ist der Enzianhof, der seit 25 Jahren ein besonderer Treffpunkt für Gesundheitsbewusste ist. Sport wird hier großgeschrieben. Golf im eigenen Trainingszentrum, Reiten und Wandermöglichkeiten rund um den Reinischkogel sowie zwei Tennishallen bieten genug Möglichkeit, sich sportlich zu betätigen. Bei so viel sportlicher Aktivität darf man sich dann beruhigt an den Köstlichkeiten des Restaurant laben – wobei das Enzianhof-T-Bone-Steak als Gustostück unter den Fleischtigern der Gourmets gilt.

T-Bone-Steaks

Pro Person 1 T-Bone-Steak (ca. 40 dag)
Öl, Salz, Pfeffer
3 Lorbeerblätter
Pfefferkörner
Butter
Thymian

Die Steaks 3–4 Tage zusammen mit Pfefferkörnern und Lorbeerblättern in Öl einlegen. In einer Pfanne wenig Öl heiß machen und die Steaks von beiden Seiten scharf anbraten. Unter häufigem Wenden ca. 7–8 Minuten fertigbraten. Das Öl abgießen, etwas Butter zum Steak in die Pfanne geben und mit frischem Thymian verfeinern. Als Beilage eignen sich Brat- oder Folienerdäpfel, Specklinsen oder eine Pfeffersauce.

Sabine Tscherner
Eichfeld 105, 8480 Mureck

Ananassteak

4 Beiriedscheiben
4 Ananasscheiben
4 Scheiben Käse
4 Cocktailkirschen
Butterflocken
Pfeffer, Salz
Öl, Senf

Die Steaks 2 Stunden in Öl marinieren, dann beidseitig scharf anbraten, erst gegen Ende der Garzeit salzen. Ananasscheiben in Butter goldbraun braten, die Käsescheiben darauflegen, mit Butterflocken bestreuen. Sobald der Käse fließt, je eine Ananasscheibe auf das fertige Steak setzen, mit Cocktailkirsche garnieren.

Margarethe und Hermann Riederer
Leo-Scheu-Gasse 14, 8041 Graz

Entrecote mit Schalotten und Rindermarkscheiben in Rotweinsauce

Steak (Beiried ca. 20 dag)
Pfefferkörner
Erdnussöl
Schalotten
Butter
Rindermarkscheiben
2–3 EL Sauce Demi-glace
etwas Blauburgunder
Salz, Pfeffer

Steak würzen, mit zerstoßenen schwarzen Pfefferkörnern in Erdnussöl auf beiden Seiten anbraten, warm stellen. Schalotten mit etwas Butter anschwenken, mit Blauburgunder ablöschen. Rindermarkscheiben (vorher blanchiert) zugeben, Sauce reduzieren, danach 3 EL Sauce Demi-glace beifügen, mit gehackten Kräutern vollenden.

Herta Maissenbichler
Lindenstraße 61, 8561 Söding

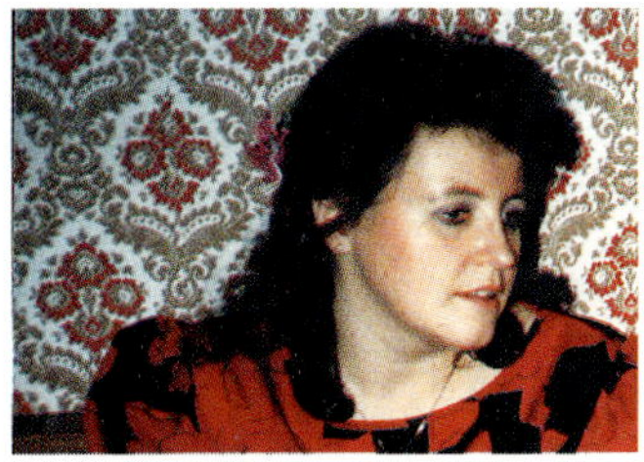

Beefsteak auf getoastetem Weißbrot mit Pilzen und Braterdäpfeln

4 Scheiben Lungenbraten
4 Scheiben Weißbrot
5 dag Eierschwammerln
12 dag Butter
10 dag Zwiebel
2 dag Mehl
Rahm
Salz, Pfeffer
Petersilie
Braterdäpfel

Steaks flachdrücken, salzen, pfeffern, in heißer Butter je nach Geschmack braten. Weißbrotscheiben toasten, Eierschwammerln gemeinsam mit gehackter Zwiebel in Butter rösten, würzen. Mehl mit etwas Rahm vermischen und unterrühren, aufköcheln lassen. Beefsteak auf Weißbrot legen, Schwammerlsauce darübergießen, mit Braterdäpfeln servieren.

Restaurant Laufke

Adelheid Fürntrath, Elisabethstraße 6, 8010 Graz
Telefon 0 316/32 34 70
Küchenchef: Alfred Feldbacher

Schweinsfischerl gefüllt mit Blattspinat

Seit über 100 Jahren ist Laufke ein Begriff für alle Grazer, die ans Essen denken. Anfangs war es ein Delikatessengeschäft mit einem kleinen Gastbetrieb. Eine der Besonderheiten war die Einkaufszeit, denn beim Laufke konnte man dann einkaufen, wenn alle anderen Geschäfte schon geschlossen hatten. Und daran hat sich bis heute nichts geändert. So kann man die Gelegenheit nutzen, außerhalb der üblichen Landenöffnungszeiten einzukaufen, etwa, wenn abends der Kühlschrank leer ist oder man beim Kochen feststellen muss, dass wichtige Zutaten fehlen. Oder aber, man lässt sich bekochen und geht gleich ins Restaurant nebenan.
Regionale Schmankerln haben den Laufke berühmt gemacht und ihm viele Stammgäste beschert. Ein besonderer Schwerpunkt wird auf die Zubereitung von Schweinefleisch gelegt, Schweinsfischerl gibt es beispielsweise in vielen Variationen.

1 Mittelstück eines Schweinsfischerls (ca. 15 dag)
5 dag Blattspinat
1 Schalotte
etwas Butter
Salz, Pfeffer

FÜR DIE SAUCE:
5 dag Mischgemüse
etwas Schilcher,
Fleischfond und Rahm

Den Blattspinat blanchieren und mit der fein geschnittenen Schalotte in der Butter anschwitzen. Mit einem Kochlöffelstiel das Schweinsfischerl durchlöchern und mit dem Spinat füllen. Salzen und pfeffern und in einer Pfanne ca. 6–7 Minuten auf beiden Seiten gut anbraten. Fleisch herausnehmen und im Bratensaft das Mischgemüse anrösten. Mit Schilcher aufgießen, mit Fond und Rahm verfeinern. Mit Schupfnudeln servieren.

TIPP DES HAUSES

Am einfachsten ist es, das Schweinsfischerl mit einem Kochlöffel aus Holz zu durchstoßen.

Maria Ofner
Bahnhofstraße 13, 8570 Voitsberg

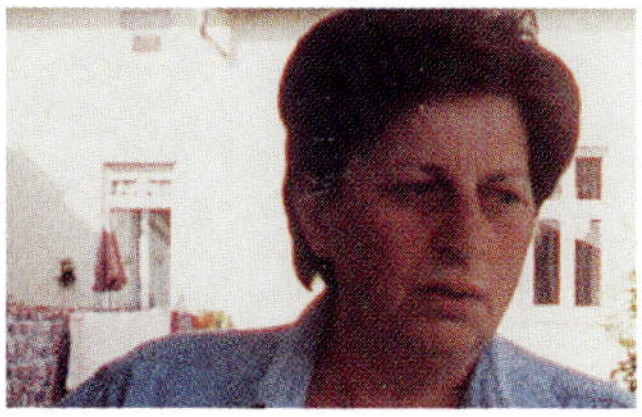

Schweinsfischerl

- 1 Schweinsfischerl
- 1 kg Erdäpfel
- 4 Knoblauchzehen
- 1 Ei
- 3 EL Mehl
- Salz, Pfeffer
- Zitronensaft

Schweinsfischerl in dünne Scheiben schneiden, Erdäpfel reiben, mit Zitronensaft, Mehl, Salz, Pfeffer und den zerdrückten Knoblauchzehen vermengen, das Fleisch damit umhüllen und herausbacken.

Christine Hartl
Schulstraße 27b, 8682 Hönigsberg

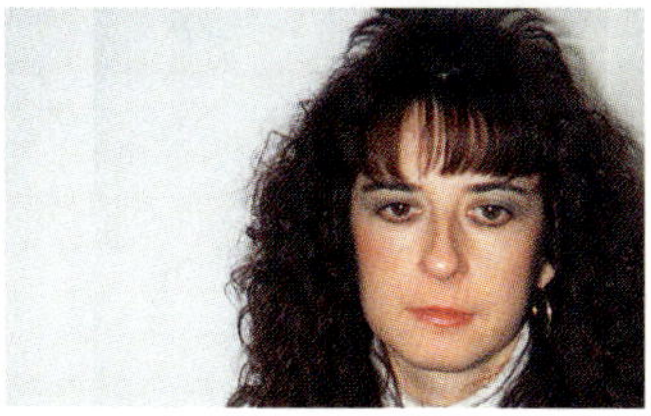

Schweinslungenbraten mit Liebstöckel-Sabayon

- 4 Schweinslungenbraten (16–18 dag)
- 4 Dotter
- Butter
- Salz, Pfeffer
- 1/8 l Obers
- 1 TL Liebstöckel
- Zitronensaft

Schweinslungenbraten in heißer Butter auf allen Seiten anbraten, warm stellen. Dotter mit Obers, Salz, Pfeffer und Zitronensaft über Dampf cremig aufschlagen, Liebstöckel darunterrühren, mit dem Schweinslungenbraten servieren.

Claudia Heschl
Hauptplatz 8, 8190 Birkfeld

Schweinsmedaillons mit Käse-Kräuter-Kruste

- 40 dag Schweinsfischerl
- 3–4 EL Öl
- 2 Eier
- 1 EL Crème fraîche
- 10 dag geriebener Emmentaler
- Petersilie
- Salz, Pfeffer

Schweinsfischerl in dünne Scheiben schneiden, in heißem Öl rasch anbraten, in eine befettete Auflaufform schichten, salzen und pfeffern. Die Eier mit der Crème fraîche, dem Käse und den Kräutern verrühren, über die Medaillons gießen und im Rohr bei 200 Grad 20 Minuten goldbraun überbacken.

Seminarhotel Retter

Hermann und Ulrike Retter, 8225 Pöllauberg 88
Telefon 0 33 35/26 90-0
Küchenchef: Christian Gaspar

Im Herzen der Oststeiermark liegt der romantische Naturpark Pöllauer Tal. Markantes Zentrum des Tales ist Pöllau mit seiner impossanten Stiftskirche. Pöllauberg, nur wenige Fahrminuten von Pöllau entfernt, ist ein bedeutender Wallfahrtsort und ein farbenprächtiges Blumendorf. In dieser idyllischen Umgebung steht das Seminarhotel Retter und bietet ein perfektes Ambiente für Seminare und Tagungen. Vielleicht ist das mit ein Grund dafür, warum es bereits zum dritten Mal zum besten Seminarhotel Österreichs gewählt worden ist. Es hat sich viel verändert, seit 1936 die ersten Gäste ihren Urlaub hier verbracht haben. Neben dem 4-Sterne-Betrieb mit den 40 Zimmern und 10 Gartensuiten sowie einem eigenen Weinkeller gibt es gleich in der Nähe auch die Schnapsbrennerei Retter mit ihren kostbaren Edelbränden. 1936 haben die Gäste noch selbst kochen müssen, heute ist das Gott sei Dank anders.

TIPP DES HAUSES

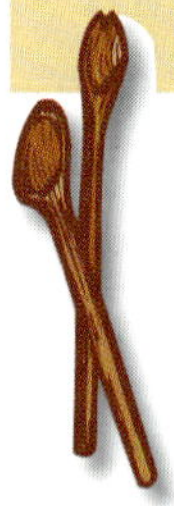

Frische Kräuter (Rosmarin, Thymian, Majoran) zur Verfeinerung in die Suppe geben!

Pöllauberger Lammsuppe

50 dag Lammkeule, gekocht
10 dag Butter oder Olivenöl
8 dag Zwiebel
8 dag Karottenwürfel
6 dag Selleriewürfel
5 dag Lauchwürfel
15 dag Wirsing oder Weißkraut in ca. 1 cm große Vierecke geschnitten
1 l Fond vom Kochen der Lammkeule
Salz
frischer Thymian und Majoran
Knoblauch nach Geschmack

Das gekochte Lammfleisch in kleine Würfel schneiden, Zwiebel in Butter oder Olivenöl anschwitzen, würfelig geschnittenes Gemüse zugeben, Lammfleisch ebenfalls dazugeben und mit dem Fond aufgießen.
Aufkochen lassen, würzen und mit den frischen Kräutern verfeinern.

Casinorestaurant

Hubert Pferzinger, 8010 Graz, Landhausgasse 10
Telefon 0 316/83 25 78
Küchenchef: Walter Prettenthaler

Große Hoffnungen setzt jeder, der ins Casino kommt, in den scheuen Vogel Glück. Wendet man sich aber von den Spieltischen ab und den einladenden Tischen im Restaurant zu, braucht man bestimmt kein Glück, denn was man hier kredenzt bekommt, ist auf jeden Fall Spitzenqualität heimischer Gastronomiekunst.

Wachteln mit Brioche-Kräuterfülle

Und die offenbart sich auch im Detail, wie das Beispiel einer speziellen Wildgeflügelfülle zeigt, die durch die Harmonie ihrer Gewürze – Rosmarin, Petersilie und Gewürze – besticht. Und das Geheimnis der Zubereitung dieser Fülle verrät uns der Küchenchef des Grazer Casinorestaurants.

4 ausgelöste Wachteln
20 dag Brioche
gehackte Petersilie
1/4 l Milch, 2 Dotter, Rosmarin
Salz, Pfeffer, Muskatnuss
4 Schweinsnetze

Milch und Dotter verrühren, das würfelig geschnittene Brioche beifügen, mit Salz und Pfeffer würzen, etwas Rosmarin (klein geschnitten) zugeben und ein wenig Muskatnuss hineinreiben. Kurz rasten lassen. Die ausgelöste Wachtel auf ein Schweinsnetz legen, mit der Masse füllen, einrollen und in heißem Öl scharf auf beiden Seiten anbraten. Im Rohr bei 180 Grad 20 Min. fertiggaren. Beilage: Gemüse der Saison.

Elisabeth Fleischmann
Gatschen 30, 8952 Irdning

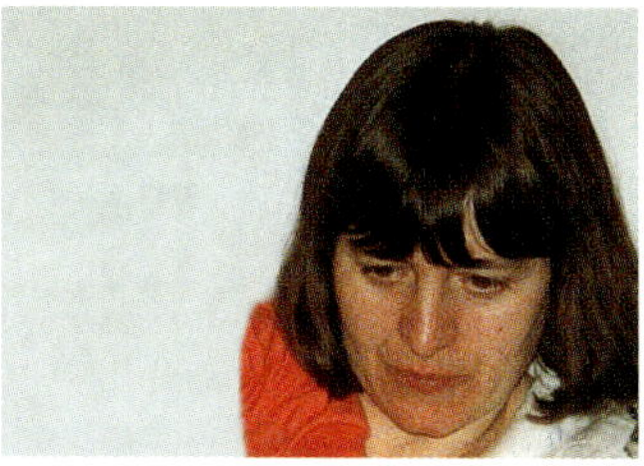

Schweinsbrust bunt gefüllt

- Schweinsbrust nach Belieben
- 25 dag Semmelwürfel
- 2 Eier
- 2 kleine Zwiebeln
- grüne Petersilie
- ca. 4 dag Butter
- 6 EL Milch
- 10 dag Mehl
- 1 Paar Frankfurter
- je 1/2 grünen, roten und gelben Paprika

Aus Semmelwürfeln, Eiern, Zwiebeln und Petersilie eine Fülle zubereiten. Paprika in längliche Streifen schneiden, in etwas Fett kurz anbraten und unter die Fülle mischen.
In die Schweinsbrust einfüllen, mit einem dicken Kochlöffelstiel zwei Löcher (eventuell bis zu 4 Löcher) einbohren und die Frankfurter halbieren und hineinstecken. Schweinsbrust zunähen oder mit kleinen Spießen verschließen.
Wie gewohnt würzen und braten. Dazu reicht man gedünstetes, süßes Weißkraut.

Mag. Margit Stiegler
Gottschedgasse 34, 8042 Graz

Fülle für Ente

- 30 dag gewürfeltes Weißbrot (Semmelwürfel)
- 1–2 EL Butter- oder Entenschmalz
- Innereien von der Ente: Leber, Magen, Herz
- 2 Büscherl Majoran
- 4 Salbeiblätter
- 3 Stengel Petersilie
- 1 mittelgroßer Apfel
- 1/2 gewürfelte Zwiebel
- 1 EL Butter
- 2 EL Rosinen
- 20 dag gekochte und geschälte Maroni
- Muskat
- Salz und Pfeffer

Die Weißbrotwürfel in Butter- oder Entenschmalz anrösten und mit heißer Milch übergießen. Die Innereien säubern und klein schneiden, Majoran, Salbei und Petersilie hacken. Den geschälten, entkernten Apfel würfeln. Zwiebelwürfel und Innereien in heißer Butter anbraten. Apfelwürfel, Kräuter und Rosinen zugeben, mit dem Weißbrot vermengen und Kastanien zugeben. Mit Muskat, Salz und Pfeffer abschmecken.

Grete Ules
Hundsdorf 7, 8111 Judendorf

Maronifüllung für Ganslbraten

- 40 dag Maroni
- 2 große, säuerliche Äpfel
- Herz und Leber der Gans
- 1 Brötchen
- 1 EL Butter
- 1 Eidotter
- Salz
- etwas weißer Pfeffer
- 1 Prise Majoran

Äpfel schälen, vierteln, vom Kerngehäuse befreien und in kleine Würfel schneiden. Das Herz und die Leber von allen anhängenden Fetteilen befreien, waschen, abtrocknen und kleinwürfeln. Brötchen in kaltem Wasser einweichen. Butter erhitzen und die Herz- und Leberwürfel darin hellbraun abraten.
Brötchen ausdrücken, gekochte Maroni schälen und in Stücke schneiden. Apfelwürfel, Innereien, Brötchen, Maronistücke, Eidotter und Salz miteinander vermengen. Backofen auf 200 Grad vorheizen, Füllung mit Pfeffer und Majoran würzen.

Gasthof Gußmack

Josef Gußmack, 8570 Voitsberg, Conrad von Hötzendorfstraße 17, Telefon 0 31 42/22 4 58-0
Küchenchef: Sepp Gußmack

Vor fast 1000 Jahren wurde am sogenannten Vogtsberg eine Burg gebaut, die der Stadt am Fuß des Berges ihren Namen gegeben hat: Voitsberg. Voitsberg ist heute Bezirkshauptstadt und wirtschaftliches und kulturelles Zentrum des Bezirkes. Voitsberg bietet nicht nur alle Annehmlichkeiten einer Bezirksstadt, man kann hier auch hervorragend essen. Das ist auch ein Verdienst des Hotel-Restaurants Gußmack, das seit über 100 Jahren im Besitz der Familie ist. Diese Tradition merkt man nicht nur am Musikantenstammtisch, sondern auch daran, wie es den Gästen schmeckt. Der Gasthof Gußmack ist berühmt für seine Blutwurstgerichte.

Blutwurst-tascherln

30 dag Blutwurstmasse
1/2 Zwiebel, 1 Knoblauchzehe, Majoran, Salz, Pfeffer, 1 Ei
Für die Tascherl: Nudelteig, 1 Ei

Die Blutwurstmasse mit feingehacktem Zwiebel, Knoblauch, Majoran und Salz sowie Pfeffer verfeinern, mit einem Ei zu einer Masse verrühren. Aus dem dünn ausgewalkten Nudelteig Tascherln ausstechen, mit verquirltem Ei bestreichen und mit der Masse (etwa 1 Kaffelöffel) füllen. Tascherln zusammenklappen und den Rand mit einer Gabel festdrücken. Etwa 12 Minuten in leicht gesalzenem Wasser kochen, mit Sauerkraut servieren.

Grete Großschedl
Hochfeldgasse 20
8600 Bruck an der Mur

Blutwurststrudel mit warmem Krautsalat

- 1 fertiger Blätterteig (TK)
- 1 Zwiebel
- 2 Blutwürste
- 3 gekochte Erdäpfel
- 1 Ei
- Gewürze (Knoblauch, Thymian, Majoran)
- Salz
- Petersilie

Feingehackte Zwiebel in Öl anrösten, die geschälte Blutwurst in Scheiben schneiden und mit den geschnittenen Erdäpfeln gut durchrösten. Mit Knoblauch, Thymian, Majoran, Salz und Petersilie würzen. Überkühlt mit Ei binden.
Die Masse auf den Blätterteig streichen und einschlagen.
Mit Ei bestreichen und goldgelb backen. Mit warmem Krautsalat servieren.

Ernst Suppan
Maurerweg 4, 8401 Kalsdorf

Blunzenstrudel

- 1 P. Strudelblätter
- 3/4 kg Blutwurst
- 1/4 kg Erdäpfel
- 2 Zwiebeln
- Schweineschmalz
- 2 Knoblauchzehen
- getrockneter Thymian
- Butter
- Öl
- Mehl
- Salz
- Pfeffer aus der Mühle

Erdäpfel kochen, auskühlen lassen, schälen und in Scheiben schneiden. Zwiebeln und Knoblauch hacken, Blutwurst enthäuten, in Scheiben schneiden und in Mehl wenden. Etwas Schweineschmalz erhitzen und die Wurstscheiben auf beiden Seiten anbraten. Zwiebeln und Knoblauch dazugeben und kurz anrösten. Mit Thymian, Salz und Pfeffer würzen, aus der Pfanne nehmen und abkühlen lassen. Noch etwas Schmalz in die Pfanne geben und die Erdäpfelscheiben darin anrösten. Salzen und pfeffern, Erdäpfel und Blunzenradeln vermischen. Etwas Butter schmelzen, die Strudelblätter nach Packungsvorschrift auflegen und mit Butter bestreichen. Auf dem unteren Drittel der Teigfläche die Fülle verteilen, den Strudel einrollen. Bei 200 Grad im vorgeheizten Rohr 25 Minuten backen. Gegen Ende der Backzeit den Strudel mit Butter bestreichen und lauwarm servieren.

Christine Lappi
Untere Hauptstraße 271
8462 Gamlitz

Thüringer Blutwurst

- 2 kg durchzogenes Schweinefleisch (auch Herz und gepökelte Zunge)
- 1,5 kg Wangerlspeck
- 75 g Schwarte
- 1 l frisches Schweinsblut
- 4 dag Salz
- Blutwurstgewürz

Fleisch und Speck kochen, in Würfel schneiden, Schwarten weichkochen und faschieren, mit den Fleisch- und Speckwürfeln vermengen, würzen und mit Schweinsblut abrühren. In Kunstdärme füllen, in kochendem Wasser bei 85 Grad eineinhalb Stunden brühen. Die kalten Würste etwas anselchen.

Landgasthaus Wratschko

Traude und Karl Wratschko
8463 Leutschach, Marktplatz 9, Telefon 0 34 53/26 67
Küchenchef Karl Köllinger

Lammkotelett mit Gemüse

4 Stück Lammkoteletts
1 Erdapfel
1/2 Aubergine
etwas Kürbisfleisch
1 Jungzwiebel
1 Knoblauchbund
1 Paprika, 1 Zucchino
1 Tomate
Paprika
Salz, Pfeffer
Thymian

Lammkoteletts salzen, pfeffern und paprizieren. Auf dem Grill unter mehrmaligem Wenden zusammen mit den geschnittenen Gemüsestücken garen. Am Schluss den Thymian mit dem Lammfleisch mitgrillen.

Gamlitz ist nicht nur die bedeutendste Weinbaugemeinde der Steiermark, es ist auch Ausgangspunkt der südsteirischen Weinstraße, der ältesten und bekanntesten Weinstraße der Steiermark. Darüber hinaus ist Gamlitz aber auch ein kulinarisches Zentrum, wo die Gäste mit traditionellen südsteirischen Gerichten verwöhnt werden. Im Landgasthof Wratschko bemüht man sich, die alte südsteirische Küche mit dem heutigen Geschmack zu verbinden.

TIPP DES HAUSES

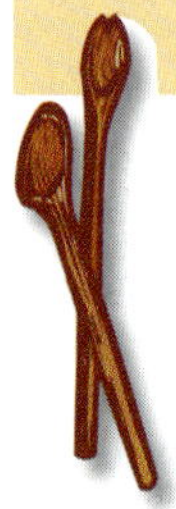

Beim Grillen ist es wichtig, auf eine schöne, heruntergebrannte Glut zu achten, damit das Fleisch nicht verbrennt.

Maria Gaisch
Wieden 8, 8542 St. Peter i.S.

Grillsteaks mit Basilikumsauce

- 8 Schweinesteaks (Scherzel)
- 1/2 kleine Zwiebel
- 1/8 l Weißwein
- 1/8 l klare Suppe
- 2 kleine Tomaten
- 10 dag Fisolen
- 1 EL Basilikum, fein geschnitten
- etwas Butter

Für die Sauce die klein geschnittene Zwiebel mit Wein und Suppe aufkochen, bei starker Hitze um ein Drittel einkochen. Durch Einrühren von Butter binden, nicht mehr kochen lassen. Geschälte, klein gewürfelte Tomaten und die in Stücke geschnittenen, in Salzwasser blanchierten und gut abgetropften Fisolen in die Sauce mischen. Mit Basilikum, Salz, Pfeffer und Zitronensaft pikant abschmecken.
Die Steaks salzen, pfeffern, mit wenig Öl bestreichen und grillen. Mit der Basilikumsauce anrichten. Als Beilage reicht man Braterdäpfel und gegrillte Zucchini.

Silvia Geßlbauer
Haslau 59, 8190 Birkfeld

Schweinsfilet im Speckmantel

- 1 Schweinsfilet
- Salz, Pfeffer
- Knoblauch
- Speck in dünnen Scheiben zum Umwickeln
- etwas Bier zum Bepinseln

Schweinsfilet in ca. 2 cm dicke Scheiben schneiden. Salzen, pfeffern und mit fein gehacktem Knoblauch einreiben. Dünne Scheiben Speck aufschneiden und die gewürzten Filets damit umwickeln. Auf den Grillrost legen und beidseitig langsam grillen. Zur Geschmacksverbesserung mit etwas Bier bepinseln.
Als Beilage eignen sich besonders gut Salzerdäpfel, Gemüse und Salate nach eigenem Geschmack.

Herta Goger
Schönau 43, 8225 Pöllau

Grillrippchen mit gefüllten Zucchini

- 2 EL mittelscharfer Senf
- 2 EL Honig
- 4 dicke Schweinsrippchen
- Salz, Pfeffer
- 2 Zucchini
- 20 dag Tomaten
- 2 Knoblauchzehen
- 1 Zitrone
- 2 EL Olivenöl
- Alufolie

Senf mit Honig verrühren, die Rippchen damit würzen und zwei Stunden marinieren. Dann mit Salz und Pfeffer würzen und unter öfterem Bestreichen mit der Marinade grillen.
Zucchini halbieren, jeweils dreimal längs einschneiden und auf Alufolie legen. Tomatenscheiben fächerartig in die eingeschnittenen Zucchini legen. Den gehackten Knoblauch, die geriebene Zitronenschale und das Olivenöl verrühren, mit Salz und Pfeffer würzen. Zucchini damit bestreichen. Alufolie verschließen und ca. 10 Minuten grillen. Mit verschiedenen Dips servieren.

’s Mureck

Harald Rebene und Wilhelm Zach, Gastof ’s Mureck
8480 Mureck, Telefon 0 34 72/25 69
Küchenchef: Wilhelm Zach

Dort, wo die Mur einen leichten Knick in ihrem Lauf macht, wo sie also ein Eck macht, da liegt das romantische Städtchen Mureck im südlichsten Teil der steirischen Thermenregion. Besucher, die nach Mureck kommen, finden den sehenswerten Rathausturm aus dem 17. Jahrhundert oder die Schiffsmühle, die erst nach alten Plänen neu aufgebaut wurde. Die Nähe zur Grenze, zum südlichen Nachbarland Slowenien, der ehemaligen Untersteiermark, macht sich auf im Einfluss verschiedener Kulturen in der Küche bemerkbar. So lockt das Cafe-Restaurant „’s Mureck“ im sogenannten Freizeitpark mit seinem südländisch offenen Ambiente und seiner Schauküche. Hier versucht der Wirt einen kulinarischen Bogen von der bodenständigen Küche zu im wahrsten Sinne des Wortes grenzüberschreitenden Köstlichkeiten zu spannen.

50 dag faschiertes Kalbfleisch
1 eingeweichte Semmel
1 Ei
1/2 kleinwürfelig geschnittene Zwiebel
Salz, Pfeffer
Muskatnuss
Schweinsnetz
4 Kotelettknochen
etwas flüssige Butter

Aus dem Kalbfleisch, dem Ei, der glasierten Zwiebel, Salz, Pfeffer und Muskatnuss und etwas flüssiger Butter ein klassisches Faschiertes zubereiten. Die Masse zu Koteletts formen, den Knochen dazustecken und im Schweinsnetz einschlagen. Auf beiden Seiten rasch anbraten, nach dem Braten noch für etwa 3 Minuten bei 130–140 Grad ins Rohr stellen.

TIPP DES HAUSES

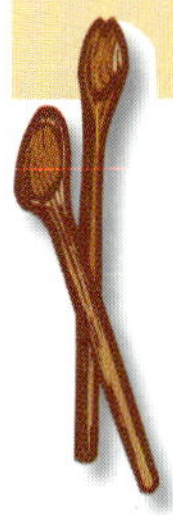

Im Schweinsnetz eingerollt bleibt das Faschierte saftiger.

Gehacktes Kalbskotelett auf Rahmpfifferlingen mit Erdäpfelschnee

RAHMPFIFFERLINGE
20 dag Eierschwammerln oder Pilze
1 Schalotte, kleinwürfelig geschnitten
5 dag gehackte Petersilie
Salz, Pfeffer, etwas Zitronensaft
etwas Rahm

ERDÄPFELSCHNEE
40 dag mehlige Erdäpfel
1/4 l Milch
10 dag Butter
Salz, Pfeffer, Muskatnuss

Erdäpfel schälen, mit Milch, Butter und Gewürzen kochen, vor dem Anrichten durch eine Kartoffelpresse drücken und locker auf den Teller geben. Schalotte anrösten, die Eierschwammerl zugeben und durchrösten. Würzen und Petersilie sowie Zitronensaft beigeben. Mit Rahm verfeinern.

Carmen Ofner
8503 St. Josef 9 a

Faschierter Schwammerlbraten

75 dag Faschiertes
40 dag Eierschwammerln oder Steinpilze
20 dag Speck
2 Eier
1 EL Senf
Salz, Pfeffer
Majoran
Basilikum
2 EL Mehl
2 EL Brösel
Knoblauch
Zwiebel

Den geschnittenen Speck mit den Schwammerln anrösten und die Masse leicht abkühlen lassen. Die Zwiebel und den Knoblauch anrösten und zum Faschierten geben. Aus der Masse einen Braten formen und im Backrohr bei 200 Grad backen. Erst dann aufgießen, wenn der Braten auf der Unterseite braun ist.

Heidi Uitz, Sandriegelweg 7
8200 Gleisdorf

Krautwickler

50 dag gemischtes Faschiertes
Zwiebel, Knoblauchzehe
Petersilie, 1 Ei
1 eingeweichte Semmel
Salz, Pfeffer
1 Krautkopf
3 EL Margarine
1/16 l Sauerrahm
2 EL Paradeismark
Paprikapulver

Krautblätter in Salzwasser fast weichkochen. Faschiertes mit Zwiebel, Knoblauch, Petersilie, Ei, Semmel, Salz und Pfeffer gut vermengen.
Je 2–3 Krautblätter übereinanderlegen und mit dem Faschierten füllen, einrollen und in eine gut mit Margarine ausgestrichene Form legen. Rahm mit Paradeismark, Paprika und etwas Salz versprudeln und zusammen mit 3 EL zerlassener Margarine die Krautwickel übergießen und fertigbacken. Dazu Salzkartoffel servieren.

Waltraud Eder
Kehlbergstraße 31, 8054 Graz

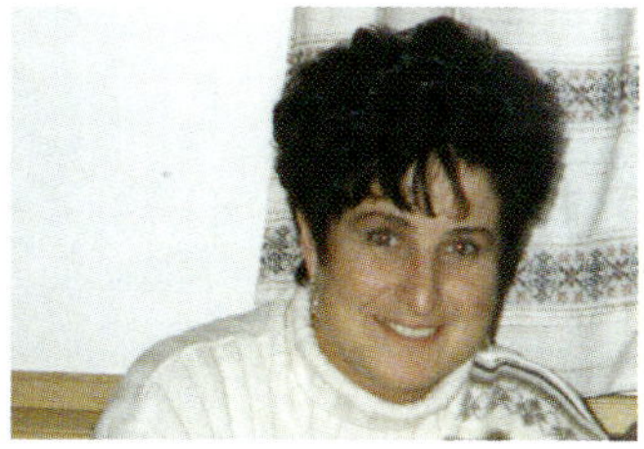

Faschierter Braten in Topfenteig

TEIG:
15 dag Topfen
15 dag Mehl
15 dag Butter, Salz
FÜLLE:
50 dag Fleisch, faschiert
10 dag Knödelbrot
1 Ei, Knoblauch
Salz, Pfeffer, Petersilie

Die Zutaten rasch zu einem glatten Teig kneten und kurz rasten lassen. Fleisch faschieren, Knödelbrot in warmem Wasser einweichen und die übrigen Zutaten dazu geben. Fleisch mit den Zutaten so lange kneten, bis eine zähe Masse entsteht. Den Topfenteig ausrollen und in die Mitte das zu einer Rolle geformte Fleisch geben. Einrollen, auf ein Blech legen und mit Ei bestreichen. Den Teig anstechen und im Rohr bei 220 Grad ca. 35 Minuten backen.

Gasthof Mauko

Peter Mauko, 8480 Eichfeld, Oberrakitsch 7
Telefon 0 34 72/82 05
Küchenchef: Peter Mauko

Oberrakitsch befindet in der Nähe von Mureck, jenem Gebiet, das einst das Jagdrevier der Grafen von Brunnsee war. In diese Zeit reicht auch die Geschichte des Landgasthauses Mauko zurück, denn seit rund 200 Jahren gibt es diesen Gasthof bereits. Weil die Jagd und das Wildbret einst eine wichtige Rolle gespielt haben, hat sich der Wirt nun was ganz Besonderes einfallen lassen. Er hält Wildschweine und überrascht seine Gäste mit verschiedensten Wildschweinspezialitäten.

Wildschwein-schnitzel

4 Schnitzel
(von der Wildschweinschulter)
Ei, Mehl, Milch, Brösel
etwas Sodawasser
Salz, Öl

Das Fleisch fein zuputzen, die Schnitzel etwa 1 cm breit doppelt schneiden und nur mit dem Messer flachdrücken. Vor dem Panieren in die verquirlten Eier etwas Sodawasser und Milch mengen. Im 160 Grad heißen Fett in der Pfanne herausbacken, anschließend mit Küchenkrepp abtupfen. Mit Wildreis servieren.

TIPP DES HAUSES:
Soda- oder Mineralwasser zum Ei geben, damit die Panier schön aufgeht und besonders knusprig wird.

Brigitte Orthaber, Am Sonnenhang 17, 8511 St. Stefan ob Stainz

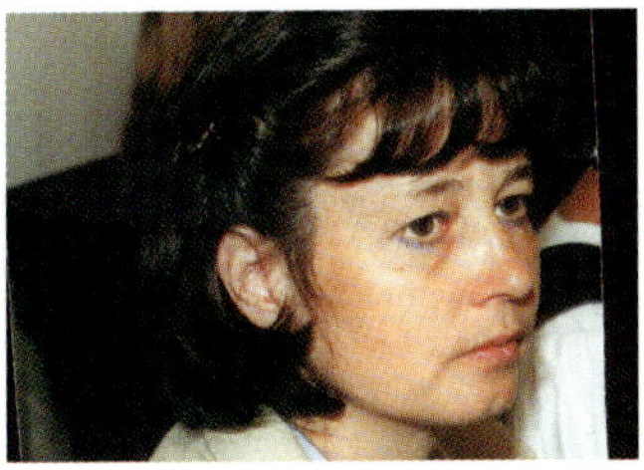

Putenschnitzel mit Kürbis-Käse-Kruste

Putenschnitzel
Salz
Mehl
Ei
gehackte Kürbiskerne
Käse (Gouda)
etwas Öl

Putenschnitzel salzen, in Mehl und Ei wenden, danach mit einer Mischung (1:1) aus gehackten Kürbiskernen und grob geriebenem Gouda panieren und goldgelb in Öl herausbacken.

Daniela Maria Ackerl
Ungerdorf 115, 8200 Gleisdorf

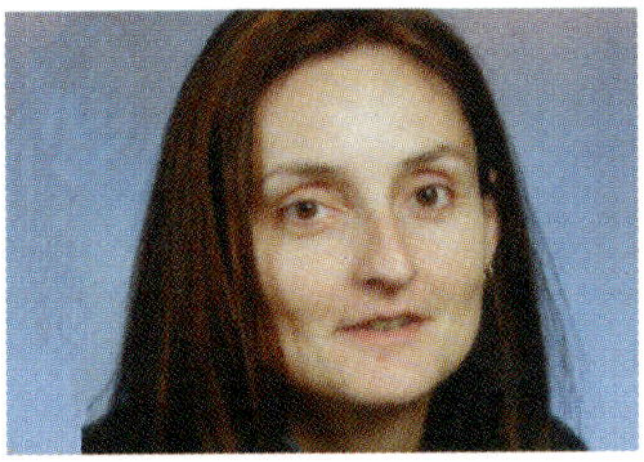

Wildschwein-Spinat-Cordon Bleu

4 Wildschweinschnitzel
ca. 20 dag Blattspinat
ca. 5 dag Butter
Suppenwürze
4 Scheiben Käse

Spinat in Butter dünsten, mit Suppenwürze abschmecken. Spinat und Käse in das gesalzene Wildschweinschnitzel einfüllen, zusammenschlagen und panieren. In Fett herausbacken. Als Beilage Gemüsereis reichen.

Maria Schauer
Corneliusweg 20, 8051 Graz

Andrea-Schnitzel

60 dag Putenfleisch
(oder Rindslungenbraten
oder Schweinsfischerl)
Salz
Brösel
3 Eier
Öl
1/4 l Weißwein

Etwas dünnere Schnitzel schneiden, salzen, in Brösel wenden und dann in Ei tauchen. Diese Reihenfolge ist richtig, wenn auch ungewohnt. Dann die Schnitzel in wenig Öl auf beiden Seiten kurz herausbacken, dabei sollen sie aber nicht in Öl schwimmen – man soll eher Öl nachgießen. Die fertigen Schnitzel leicht schräg in eine Auflaufform schlichten, mit $^1/_4$ l Weißwein und $^1/_8$ l Wasser aufgießen, die Form abdecken und ca. 1 Stunde bei 170 Grad im Backrohr backen. Mit gedünstetem Reis und Salat servieren.

Landgasthaus Ochnerbauer

Friedrich und Petra Illmaier, 8650 Kindberg
Kranzbauernviertel 17, Telefon 0 38 65/21 70
Küchenchefin: Petra Illmaier

Hoch über Kindberg, in 1000 m Seehöhe, liegt der Hof des Ochnerbauern, ein altes Gehöft, das auf eine rund 200-jährige Geschichte zurückblicken kann. Viele Wanderer sind im Lauf der Zeit vorbeigekommen. Und um diesen Hungrigen und Durstigen eine Möglichkeit zur Stärkung und Erholung zu bieten, ist in den Sechziger Jahren zunächst einmal eine Jausenstation entstanden. Seit den achtziger Jahren gibt es hier aber ein richtiges Gasthaus mit Pension und heute ist der Ochnerbauer sein eigener und zugleich wichtigster Lieferant. Den Gästen wird neben einem gemütlichen Ambiente vor allem ein besonderer kulinarischer Schwerpunkt geboten: hier gibt es Köstlichkeiten vom Hochlandrind.

Rostbraten vom Hochlandrind in Schilchersauce

80 dag Rostbraten vom Hochlandrind
Salz, Pfeffer
Öl zum Anbraten
ca. 1/8 l Schilcher
1 Tasse Suppe zum Aufgießen
1 TL Zucker

Den Rostbraten vom Hochlandrind in 4 Scheiben schneiden und klopfen, salzen und pfeffern. In einer Pfanne mit heißem Öl auf beiden Seiten nur kurz anbraten und wieder auslegen. Mit etwas Mehl stauben, mit Suppe und Schilcher aufgießen und mit Zucker den Geschmack verfeinern. Das Fleisch noch einmal kurz zum Erwärmen in die Sauce einlegen. Als Beilage Kürbiskernknödel, Brokkoli und Karotten.

Sabina Holzschuster
Arndtgasse 7, 8010 Graz

Gefüllte Rindsmedaillons

- 8 Rindsmedaillons, je 8 dag
- 5 dag feine Kalbsleberwurst
- 1 EL Cognac
- 1 EL grüne Pfefferkörner
- 4 Scheiben fetter Speck
- 3 EL Öl
- 1 EL Butter
- Salz, Pfeffer
- 2 Zweige frischer Salbei

Medaillons in Form drücken, Leberwurst und Cognac cremig verrühren, gehackten Pfeffer und Salbeiblättchen beifügen. Die Creme auf vier Medaillons streichen und leicht andrücken, die anderen vier darüber legen. Je eine Speckscheibe herumwickeln und mit Küchengarn befestigen. Öl und Butter in einer Pfanne heiß werden lassen und die Medaillons auf jeder Seite 1 Minute scharf anbraten. Dann die Temperatur reduzieren und jede Seite noch 1–2 Minuten braten. Zum Schluss salzen und pfeffern.

Gertrude Zeidler, Flurgasse 12
8642 St. Lorenzen im Mürztal

Rindsrückensteak mit Mark und Pfeffer

- 4 Scheiben Beiried à 180 g
- Salz, schwarzer Pfeffer
- 2 EL Öl
- 4 dag Zwiebel, fein geschnitten
- 4 cl Rotwein
- 5 cl milde Rindsuppe
- 80 g ausgelöstes Rindsmark
- grüne und rosa Pfefferkörner
- 20 dag Butter, eiskalt
- Schnittlauch

Beiried mit Salz und schwarzem Pfeffer beidseitig scharf würzen. Öl in flacher Pfanne erhitzen, Fleisch einlegen und rasch anbraten, damit sich die Poren schließen. Nach etwa 2 Minuten wenden und fertig braten. Fleisch aus der Pfanne nehmen. Die fein geschnittene Zwiebel leicht anrösten,

Gertrude Strohmayer
Schönaugasse 102, 8010 Graz

Pikanter Rostbraten

- 4 Rostbratenscheiben
- 4 dag Fett
- 4 dag Butter
- 1 Zwiebel
- 3 große Champignons
- 4 große Kapern
- 2 Essiggurken
- 1 EL Mehl
- 1/8 l Sauerrahm
- 1/16 l Wein
- 1 EL Senf
- Petersilie
- Zitronenschale
- etwas Wasser

Rostbraten klopfen, salzen, pfeffern und auf einer Seite bemehlen. Fett erhitzen, scharf anbraten und herausnehmen. Butter, Zwiebel, Kapern, Champignons und Gurkerl mitrösten, mit Mehl stauben, aufgießen und den Rostbraten darin dünsten. Rahm, geriebene Zitronenschale und Senf etwas später darüber geben.
Mit Knödel, Nudeln oder Reis als Beilage servieren.

Aus dem steirischen Obstgarten

Äpfel
und Birnen

Kastanien
Erdbeeren

Egidiwirt

Hugo Leypold, 8850 Laßnitz bei Murau, St. Egidi 82
Telefon 0 35 32/22 32-0
Küchenchef: Jürgen Wurzen

Murau zählt zu den ältesten Städten der Steiermark. Der Siedlung am Fuße der Burg, die heute ein Schloss ist, wurde vor 700 Jahren bereits das Stadtrecht verliehen. Handel und Handwerk blühten und so entstanden hier viele, und vor allem gute Gasthöfe wie z. B. der Egidiwirt. Auch wenn der Egidiwirt für seine Pizzagerichte bekannt ist, wird dennoch Tradition großgeschrieben. Und weil die Gerichte auch auf die jeweilige Zeit abgestimmt werden, gibt es natürlich um die Weihnachtszeit Kletzenbrot, das aber nach einem ganz speziellen Rezept zubereitet wird.

Kletzenbrot

Je etwa 20 dag Kletzen, Feigen, Dörrpflaumen und Rosinen
20 dag gehackte Nüsse, etwas Cognac, 1,5 kg Roggenbrotteig (Sauerteig)

Kletzen, Feigen, Dörrpflaumen und Rosinen klein schneiden und gemeinsam mit den gehackten Nüssen in einer Schüssel mit etwas Cognac über Nacht ziehen lassen.
Mit 1,5 kg Roggenbrotteig verkneten, zwei Wecken formen, 1 Stunde rasten lassen und anschließend im auf 200 Grad vorheitzten Backrohr 5 Minuten backen, dann herausnehmen, mit Wasser bestreichen und mit einer Gabel mehrmals einstechen. Bei 180 Grad fertigbacken.

Sophie Weichbold
Neulassing 65, 9800 Selzthal

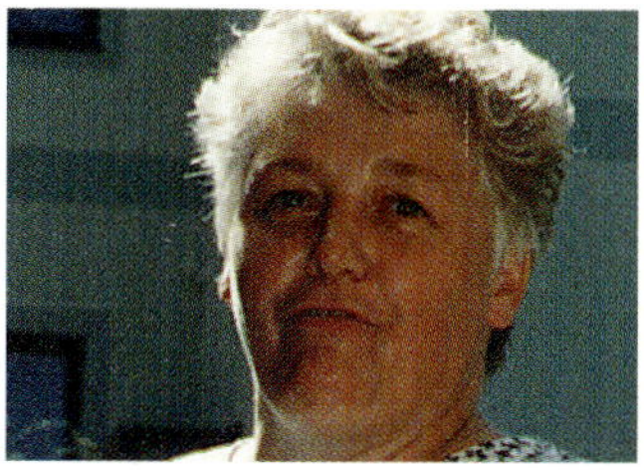

Apfelknödel auf Vanillesauce

3/4 kg Äpfel
5 dag Brösel
3 dag Nüsse
3 dag Rosinen
1 Ei
4 dag Zucker
1 Msp. Zimt
1 Msp. Nelkenpulver

Äpfel kleinwürfelig schneiden, in Butter andünsten, mit Zimt, Nelkenpulver sowie Zucker vermischen. Semmelbrösel in etwas Butter anrösten, gemeinsam mit den geriebenen Nüssen mit den Rosinen und dem Ei in die Apfelmasse einrühren. Daraus Knödel formen, panieren und in Öl herausbacken. Vanillesauce zubereiten, auf einem Teller anrichten und Apfelknödel darauf setzen, mit Schlagobers verzieren.

Harald Umgeher
Sonneckgasse 365/3, 8950 Stainach

Bratapfel-Torte

25 dag weiche Butter
20 dag Staubzucker
1 Prise Salz
2 P. Vanillezucker
3 Eier
35 dag Mehl
2 TL Backpulver
2 EL Semmelbrösel
1/8 l Milch
zum Belegen: bis zu
8 kleinere, geschälte Äpfel
FÜLLE:
10 dag geriebene Mandeln
oder Nüsse
10 dag Rosinen
5 Tropfen Rum-Aroma
3 EL Wasser

Butter mit Staubzucker, Salz und Vanillezucker gut schaumig rühren. Eier nach und nach dazugeben. Mehl mit Backpulver mischen, mit Brösel und Milch unterrühren. 1/3 des Teiges in eine befettete mit Brösel bestreute Tortenform (24 cm Durchmesser) oder Ringform füllen und glattstreichen. Äpfel auf den Teig legen. Nüsse mit Rosinen, Rum und Wasser gut vermischen und die Äpfel damit füllen. Die übrige Fülle unter den Teig mischen, auf den Äpfeln verteilen und glattstreichen. Form in die untere Hälfte des vorgeheizten Rohres schieben, bei 170 Grad ca. 70 Minuten backen.
In der Form erkalten lassen. Vorsichtig aus der Form nehmen und mit Staubzucker bestreuen.

Erika Horky
Scheiterboden 2, 8693 Mürzsteg

Apfelgugelhupf mit Schokolade und Walnüssen

25 dag Butter
25 dag Staubzucker
1 P. Vanillezucker
25 dag Weizenvollkornmehl
1/2 P. Backpulver
5 Eier
10 dag geriebene
Kochschokolade
12 dag geriebene Walnüsse
2 größere aromatische Äpfel

Butter handwarm mit der Hälfte des Staubzuckers und Vanillezucker sehr schaumig rühren. Nach und nach Dotter beifügen und wieder schaumig rühren. Eiklar mit restlichem Staubzucker steif schlagen und unter den Butterabstrich heben. Zuletzt das mit Backpulver versiebte Mehl sowie Schokolade, Nüsse und die grob geraspelten Äpfel einrühren. In eine gut ausgestrichene und mit fein geriebenen Mandeln ausgestreute Gugelhupfform einfüllen und bei 170 Grad eine gute Stunde lang backen.

Gasthof Schaupp

Johanna und Max Schaupp
8301 Rein, Tallak 53, Telefon 03124/517 32
Küchenchefin: Johanna Schaupp

Unweit von Stift Rein liegt auf einem Hügel der Landgasthof Schaupp. Für Spaziergänger ein beliebtes Ausflugsziel, ist der Gasthof für Einheimische ein wichtiges Kommunikationszentrum, gibt es hier doch noch so etwas wie Stammtischkultur. Und noch etwas gibt es hier: Eine besonders liebevoll gestaltete Speisekarte, die im Herbst einen saisonbedingten Schwerpunkt hat, nämlich Kastanien. Heiße Maroni kennt jeder, aber es gibt eine Vielzahl anderer Möglichkeiten aus Kastanien wahre Köstlichkeiten zuzubereiten.

Erdäpfel-Kästnstrudel

80 dag gekochte, passierte Erdäpfel
5 dag Lauch
3 dag Butter
1/4 l Sauerrahm
1 ganzes Ei
35 dag gekochte, geschälte Kastanien

Passierte Erdäpfel mit Ei, Sauerrahm und angeschwitztem Lauch vermengen, mit Salz, Pfeffer, Thymian würzen, gekochte Kastanien zugeben. Die Masse auf Strudelteig auftragen, den eingerollten Strudel mit Ei und Butter bestreichen und im Rohr bei 170 Grad 25 Minuten herausbacken.

Monika Waltersdorfer
8353 Kapfenstein 158

Kastanienpudding

3 Eier
6 dag geröstete, geriebene Haselnüsse
6 dag Kastanienpüree
3 dag Schokolade
7 dag Margarine
6 dag Kristallzucker

Eier in Dotter und Eiklar trennen, Schokolade schmelzen. Eiklar mit Zucker zu einem festen Schnee schlagen, Butter cremig rühren, Dotter, Kastanienpüree und geschmolzene Schokolade unterziehen, den Eischnee und die Haselnüsse vorsichtig unterheben. Feuerfeste Förmchen mit Butter ausstreichen und mit Zucker ausstreuen, die Masse jeweils zwei Drittel hoch einfüllen, ein hohes Backblech mit heißem Wasser füllen, die Förmchen draufstellen, im 200 Grad heißen Rohr eine halbe Stunde garen lassen, danach stürzen.

Elisabeth Fleischmann
Gatschen 30, 8952 Irdning

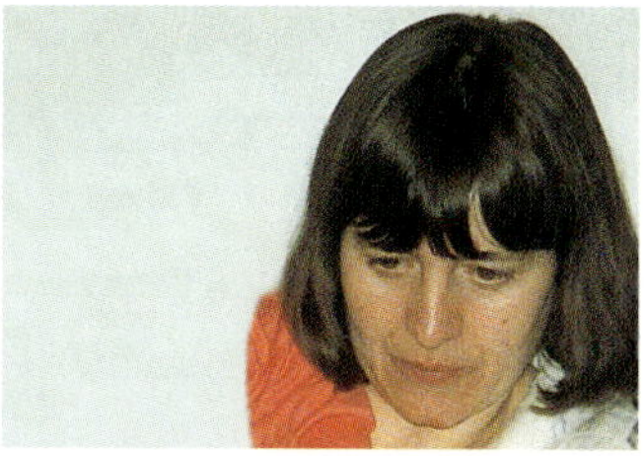

Kastaniengugelhupf

35 dag Kastanienreis
20 dag Staubzucker
5 Eiklar
Marillenmarmelade
Schokoladeglasur

Eiklar zu steifem Schnee schlagen, mit Zucker ausschlagen und den Kastanienreis unterheben. In befettete, bemehlte Form füllen, bei 180 Grad ca. 40 Minuten backen, stürzen, mit heißer Marillenmarmelade bestreichen. Wenn die Marmelade kalt ist, mit Schokoglasur überziehen.

Josefine Schober
Oberschwarza 24, 8471 Spielfeld

Kastanienauflauf

14 dag rohe, geschälte Kastanien
Milch
4 dag Butter
5 Dotter
9 dag Zucker
2 EL Maraschino

Kastanien in kochendes Wasser legen, bis die innere Haut abgezogen werden kann, dann in Milch unter Zugabe von Vanillezucker weichkochen. Anschließend passieren, mit 4 dag Butter, 5 Dottern, 9 dag Zucker und 2 EL Maraschino abrühren. Den Schnee von 5 Eiklar unterheben, in eine Auflaufform füllen, bei 180 Grad backen.

Hotel Verde

Fam. Freitag, Kultur- und Kongresszentrum Hotel Verde,
8720 Knittelfeld, Gaaler Straße 4, Tel. 0 35 12/72 593-0
Küchenchefin: Christine Freitag

Im Herzen von Knittelfeld liegt das Kultur- und Kongresszentrum. Es ist aber nicht nur ein Treffpunkt, an dem getagt wird oder Seminare abgehalten werden, hier gibt es neben dem 4-Sterne-Best-Western-Hotel Verde auch hervorragende Lokale.
Im italienischen Restaurant werden die köstliche Nudeln und frische Fische angeboten. Gleich daneben befinden sich die Cocktailbar und das Kulturhausrestaurant. Regionale Schmankerln und saisonale Spezialitäten prägen die reichhaltige Speisekarte.
So nimmt es nicht Wunder, dass im Frühjahr eine ganze Reihe Köstlichkeiten aus Erdbeeren auf der Speisekarte zu finden ist.

3 Entenbrüste (entbeint, je 230 dag)
2 EL Olivenöl
Salz, Pfeffer
2 dag Butter
1 EL Zucker
1/8 l Orangen- oder Zitronensaft
20 grüne Pfefferkörner
12 dag Erdbeeren
4 cl Cognac
1/8 l Obers
2 EL frische Kräuter (Melisse, Basilikum, Petersilie)

ALS BEILAGE:
Wilder Reis,
Broccoli
oder frisches Baguette

TIPP DES HAUSES

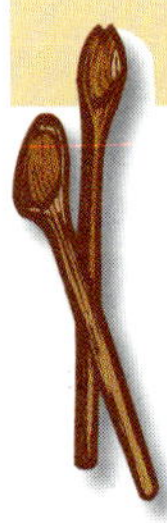

Die Haut der Entenbrüstchen einschneiden, damit sie sich beim Backen nicht zusammenzieht.

Entenbrust gebraten mit grünem Pfeffer und Erdbeeren

Entenbrüstchen waschen und trockentupfen. Die Haut längs und quer in feinen Rauten einschneiden (oder abziehen), mit Salz und frisch gemahlenem Pfeffer würzen und rasch anbraten (Brüstchen sollten immer noch rosa sein).

Aus der Pfanne nehmen und warmstellen. Butter in den Bratensatz geben, den Zucker darin karamelisieren. Den Orangen- oder Zitronensaft und die Pfefferkörner dazugeben und stark aufkochen lassen.
Die geviertelten Erdbeeren dazugeben und mit Cognac flambieren. Mit Obers und gehackten, frischen Kräutern vollenden. Die Entenbrüstchen schräg in Scheiben schneiden und auf der Sauce anrichten.

Ulrike Lerch
Entenplatz 9, 8020 Graz

Erdbeerknödel

- 2 Eier
- 7 dag weiche Butter
- 20 dag Topfen
- 2 EL Zucker
- 1 P. Vanillezucker
- 10 dag Weißbrot
- 7 dag Mehl
- 4 EL Semmelbrösel
- 8 große Erdbeeren

Die Eier trennen, Eidotter mit Butter cremig rühren, dann Topfen, Zucker und Vanillezucker unterrühren. Weißbrot entrinden und in kleine Würfel schneiden, unter die Topfencreme rühren. Das Eiklar steif schlagen und auf die Topfencreme setzen. Mehl und Semmelbrösel mischen, darüberstreuen und alles gründlich vermengen. Den Teig zugedeckt mindestens 1 Stunde quellen lassen. Erdbeeren waschen und putzen, mit Küchenpapier abtrocknen. Reichlich Wasser in einem breiten Topf aufkochen lassen, die Hitze reduzieren. Aus der Topfenmasse acht Knödel formen, dabei jeweils eine Erdbeere in die Mitte geben. Die Knödel im Wasser 15 bis 20 Minuten ziehen lassen.

Mag. Beate Urdl-Baumkirchner
Eisteichgasse 18, 8042 Graz

Marinierte Erdbeeren mit Mascarbonecreme

1/4 kg Erdbeeren
Balsamicoessig (25 Jahre alt)
1 Becher Mascarbone
1 Ei
Staubzucker
Mark einer Vanilleschote

Erdbeeren waschen, trockentupfen und halbieren, in einen Teller geben und mit reichlich Balsamicoessig übergießen. Für ca. 1 Stunde stehenlassen. Ei mit Staubzucker und Mark der Vanilleschote schaumig schlagen, Mascarbone unterrühren. In eine Spritztüte füllen und auf einen Teller jeweils 4 Rosetten spritzen. In der Mitte die Erdbeeren anrichten und mit Minze garnieren.

Klaus Hyden, Dr.-Theodor-Körner-Platz 10, 8750 Judenburg

Brandteigring mit marinierten Erdbeeren

7 dag Wasser
4 dag Butter
4 dag Mehl
Salz
1 Ei
1/8 l Obers
Zucker
Vanillezucker
25 dag Erdbeeren
Balsamicoessig
etwas Staubzucker

Wasser mit Salz und Butter zum Kochen bringen, Mehl unter ständigem Rühren hineingeben und so lange rühren, bis sich die Masse vom Topf löst. Vom Feuer nehmen und das Ei unter die Masse rühren. Brandteig in einen Spritzsack abfüllen und auf ein befettetes Blech vier gleichmäßige Ringe aufspritzen.
Im Rohr bei 180 Grad ca. 20 Minuten backen. Herausgeben und abkühlen lassen. Obers aufschlagen, mit Zucker und Vanillezucker abschmecken. Erdbeeren vierteln und mit Balsamicoessig und Zucker je nach Geschmack marinieren. Die Brandteigringe auseinanderschneiden, mit Obers füllen. Auf Teller geben, mit Staubzucker bestreuen, die Erdbeeren in die Mitte und rund um den Ring verteilen.

Gasthöfe und Restaurants

Rezepte

Die Braukunst von Reininghaus Pils und die Kultur unseres Landes. Eng miteinander verwoben. Wie die Geschichte von Peter Rosegger und meines Ururgroßvaters Johann Peter Reininghaus. Dem Gründer der Brauerei Reininghaus. Der für den Künstler Rosegger zeitlebens ein wohlgesonnener Förderer war. Und für sich selber das Brauen zur Kunst erhob. Mit dem Anspruch, unser Land und unsere Kultur möge sich im edlen Pils-Geschmack offenbaren.
Teresa Reininghaus
Reininghaus
Manchmal wird Kunst von edlem Schaum gekrönt.
Reininghaus
Pils
Reininghaus Pils. Das Edle aus der Steiermark.

WOHLMUTH
WOHLMUTH
SAUVIGNON BLANC
SUMMUS ERNTE 1997
WOHLMUTH
MUSKATELLER
SUMMUS ERNTE 1997
WOHLMUTH

Margit Svoboda • Manfred Neuhold
DAS BUCH VOM
STRUDEL